全世界

都在做的

每天讀兩頁，
就能獲得世界級
的理財觀念！

財富

世界のお金持ちが実践するお金の増やし方

倍增法

高橋丹

執筆協力 **向山勇**

游韻馨 譯

善用財富變得聰明又強勢

讓你的人生更豐富

Learn how to become wise and strong with money, and Life may improve

序

■變成有錢人需要什麼條件？

有錢人如何增加自己的財富？

這個世界上有輕鬆賺錢的方法嗎？

做什麼投資才能安心穩健地累積財富？

高風險也沒關係，是否有方法可以快速賺錢？

相信許多人都有上述疑惑。

雖然努力投資，勤儉度日，也用功考取證照，想要一步步致富，相信還是有許多人「無法如願」、「投資失敗，資產縮水」，甚至「無法堅持下去」。

許多人都「想變成有錢人」，真正致富的人少之又少。

我必須遺憾地告訴各位，這就是現實狀況。

既然如此，難道各位就要接受「自己做不到」的事實，放棄致富了嗎？

我不這麼認為。

原因很簡單，只要有「知識」和「熱情」，就有機會變成有錢人。

而且，只要投入「時間」，致富的可能性就會愈來愈高。

成為有錢人的三大要素①

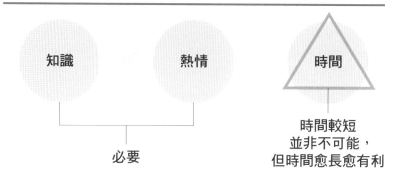

知識　熱情　時間

必要

時間較短
並非不可能，
但時間愈長愈有利

話說回來，有些人的意志十分強烈，期許自己「一定要變成有錢人」！

這樣的人即使「熱情」較低，但只要具備「知識」與「時間」，就能成為一定程度的有錢人（不過，有錢程度可能會比極具熱情的人低一些）。

成為有錢人的三大要素②

知識　熱情　時間

必要　低一點
也 OK　必要

我想告訴各位，「這世界確實存在著成為有錢人的方程式」。

方程式定義的「有錢人」是「資產一億日圓以上」。

本書將為各位介紹全世界富豪親身實踐、時刻留意的致富秘訣，幫助你擁有超過一億日圓的資產。

■ 出版本書的理由

容我先介紹我自己，我叫高橋丹，出生於東京，擁有日本國籍，現年三十五歲。十歲前大多在日本生活，之後移居美國，十二歲開始投資。就讀康乃爾大學時，在紐約華爾街擔任實習生。二十一歲時榮獲Magna Cum Laude（拉丁文學位榮譽，用來獎勵成績優秀畢業生的稱號），畢業後，正式進入華爾街工作，負責投資銀行的業務與交易往來。

二十六歲時與人生導師共同成立避險基金，三十歲時賣掉自己的股份。隨後移居新加坡，遊歷大約六十個國家，二〇一九年秋天回到東京。

二〇二〇年一月正式進軍YouTube界，成為YouTuber，影片主題包括「全球新聞」、「經濟」、「投資」、「財富」，每天都會上傳新影片。感謝許多網友在影片下方留言，六個月內的頻道訂閱數超過二十萬人。最喜歡日本文化與食物（特別是納豆！）。

我回到日本的時候，在日本幾乎沒有朋友。但持續在YouTube和社群網站發聲，我認識愈來愈多朋友。同時我也發現，許多人都對自己的財務狀況感到不安，心生煩惱。

過去三十年，日本經濟幾乎沒有成長，放眼全世界，像日本這樣的例子十分罕見。終身雇用、年功序列（日本的一種企業文化，以年資和職位論資排輩，訂定標準化的薪水）已成過去，薪資水平多年沒有調整，消費稅卻愈來愈高。這樣的現況使得愈來愈多日本人想要「憑自己的力量增加收入」。

我也在思考「自己是否可以做些什麼」，最後我決定讓不看YouTube的人也能吸收理財知識，這就是我撰寫本書的原因。

■閱讀本書之前

本書將分八章為各位介紹致富的基礎知識。

心理狀態

投資的基本概念

投資組合

短期投資

商品（貴金屬、比特幣、原油）

不動產

經濟

習慣

無論是毫無理財知識的人或投資老手，從心理準備到投資建議，總共八十九個主題，向各位分享廣泛的知識與Know-how（專業秘訣）。

基本上每個主題都是由兩張頁面構成，如果是工作忙碌，沒時間讀書的人，每天只要閱讀一個主題即可，慢慢把書看完。

還有另外一個重點。

歡迎各位從本書介紹的內容中，選一個自己感興趣的主題親身實踐。

光是閱讀本書無法讓你成為有錢人，踏出小小的一步也沒關係，只要付諸行動就能看到下一條道路。

現在就開始吧！

「全世界有錢人都在做的財富倍增法」
了解這一點就能發揮以下效用

消除對於財務狀況的不安與煩惱

了解應該用什麼想法面對財富

不會過度害怕失敗

以「正面」、「低門檻」的角度看待投資

了解該如何分配資產

了解具體的投資商品與特性

看政治與經濟新聞時，可以聯想到各種事情

學會客觀、冷靜地判斷媒體資訊

養成搜尋英文資訊的習慣

本書說明

不要讀過就算，請付諸行動。親身實踐時最好記錄下自己是基於什麼樣的想法，做出哪些行動。

拿出筆劃重點，或寫下自己的想法，將這本書昇華成專屬於自己的秘笈。

不要只讀一次，請反覆閱讀。

定期確認本書介紹的指標與技術線圖，以自己的方式了解自己「為什麼會處於目前的狀態」，預測自己「接下來會怎麼做」。

與家人朋友，或透過社群網站分享自己學到的事情，聆聽他人意見，客觀判斷自己的想法和感受。

Chapter 1 心理狀態

4 ¥ 短期投資

Chapter

5

商品
（貴金屬、比特幣、原油）

Chapter 7 經濟

Chapter 8 習慣

裝幀　西垂水 敦・市川皐月（krran）
本文設計・插圖　荒井雅美（tomoekikou）
DTP　野中 賢（SYSTEM TANK股份有限公司）
攝影　難波雄史

※ 本書內容係根據二〇二〇年六月三十日的法令與資訊撰寫而成（有些內容標註日期）。
※ 投資個別金融商品時，請仔細確認相關資訊並自行判斷。
※ 閱讀本書內容導致的任何損失，作者及出版社不負任何責任，敬請見諒。
※ 本書參考許多國外資料，部分插圖中，圖表數據總計不滿一百，相關數據皆引用參考來源。

Chapter 1

心理狀態

「心改變了，行動就會改變；行動改變了，習慣
就會改變；習慣改變了，個性就會改變；個性改
變了，命運就會改變。」這是威廉・詹姆士
（William James，心理學家、哲學家）的名言，也
很適用於想成為有錢人的目標。第一步就是要改
變「心理狀態＝mind」。

有錢人的素質在於熱情

"Passion" is what makes people wealthy

　　我到過六十個國家旅遊，發現「有錢人與經濟上不寬裕的人，有很大的差別」。

　　話說回來，有錢人分成繼承祖傳財產「貴族」（old money／old rich），以及白手起家的「新貴」（new money／new rich）。如果從仿效性這一點來看，我們可以向貴族學的事情很少，因此本章鎖定新貴階級，為各位介紹他們的特質。

有錢人的種類

有錢人 資產超過一億日圓（一百萬美元）

「貴族」（old money）	「新貴」（new money）
繼承祖先財產 變成有錢人	自己創業，運用資產 變成有錢人

　　新貴階級的第一個特質是充滿熱情。熱情指的是想實現自己夢想與目標的熱烈情感，也能說是「存在價值」。許多人都是在追求夢想與目標的過程中賺到錢，成為有錢人。

　　我看過微軟（Microsoft）創辦人比爾‧蓋茲（Bill Gates）、亞馬遜（Amazon）創辦人傑夫‧貝佐斯（Jeff Bezos）等創業家的自傳或紀錄片，他們也充滿熱情。

　　熱情十足的人從早上起床到晚上睡覺為止，腦子裡想的都是自己的目標與夢想。

正因如此，他們製作的商品或提供的服務，品質才會這麼高。

此外，「運氣」其實也很重要。

國際投資家華倫・巴菲特（Warren Buffett）曾經如此描述有錢人：「讓幾千人待在一間屋子裡玩猜硬幣遊戲，一定會有人百發百中，從未猜錯。你覺得那個人是天才，還是完全猜對只是巧合？我認為巧合的機率較大。」

也就是說，能否成為有錢人，也跟自己無法控制的運氣有關。

新貴階級的第二個特質是「個人支出較少」。

我認識許多白手起家的新貴，他們並不熱衷花錢。他們不開高級車，也不戴精品手錶。可能是因為他們投入全部心力在自己的創意上，所以對花錢不感興趣。

有錢人常說「rich on paper」，意思是擁有紙張（股票或債券）等資產，身上卻沒什麼現金。

不過，發行股票或債券的公司如果倒閉，那些紙張就會變成廢紙，為了避免發生這種失去資產的情形時，可能面臨的破產窘境，有錢人過得很簡單，維持低度生活水準，減少個人花費。

summary 發揮強烈熱情持續努力，
自然有錢。

02

隨時思考
「有效率地分配時間」

Efficient use of time

　　新貴階級的第三個特質是「有效率地運用時間」。舉例來說，他們會利用月曆或輔助工具分配時間，為每件事訂定優先順序，統籌管理。

　　有效率地運用時間的第一步是「檢視自己住的地方」。例如改變家中布置，營造出適合工作的環境，或是搬到公司附近住，節省無謂的通勤時間（詳情請參考第二〇六頁）。

　　此外，關於通勤時間，「想辦法減少每天無謂的通勤時間」也很重要。

　　假設今天你要出門一整天，就把會議全部安排在這一天，縮短每場會議的時間。因為這一天要做的事情很多，設定每場開會時間為三十分鐘，接著再到別的地方開會，像這樣訂定規則並嚴格遵守即可。

有效運用時間的秘訣

使用工具	專心	劃分時段

利用輔助工具，將時間羅列出來，好好分配。	將會議集中在同一天，提升開會效率。	事先決定開會時間，時間一到就開下一場。

此外，許多新貴都很關心健康，這也是其特質之一。

包括紐約、矽谷所在地加州、澳洲、印尼、新加坡等，我造訪過的城市中，許多成功人士愛吃蔬菜水果，勵行減肥，或是上健身房運動，維持身體健康。

他們知道如果生病，就會為工作帶來極大損失，所以一定要維持健康狀態。

此外，一旦生病，不只影響工作與收入，對於「時間」也會造成嚴重影響。

健康的身體可以拉長出色表現的時間，減少無謂的工作時間，增加和家人朋友相聚的時光。

相反地，當健康惡化，就要花許多時間重拾健康。對心理造成負擔，也會影響工作表現，延長恢復時間，陷入負面循環。

總而言之，全世界有錢人為了維持健康，會根據最合理的判斷基準劃分時間。

summary

**生病會損失自己的時間，
因此也要注重健康。**

03

認為錢不過是
「數字」與「工具」

Think of money as a number or a tool

　　我以前一直認為「金錢等於評價」。如果朋友比我有錢，代表朋友比我還努力，更受到別人的肯定。由於這個緣故，我一直「想要贏過朋友」、「想成為更有錢的富豪」。

　　這個觀念與我個人的成長過程有關，我從日本移居到美國，成長環境競爭相當激烈。我的父母給了我在美國成長的機會，所以我特別努力。

　　當時我感覺金錢是評斷一個人的標準，所以在三十歲以前，我一直是這麼想的。

　　大學畢業後，我在競爭激烈的華爾街工作，每天只想贏過同事。英文有一句話「I feel alive」，意思是「我感覺自己活著」。每天奮戰不懈，就能有活著的感覺。

　　當時正值泡沫經濟時代，許多人覺得「金錢是評斷一個人的標準」，我則是認為「我不需要錢，但為了讓大家認可『我比朋友強』，我要成為有錢人」。

　　三十歲之後，我到世界各國旅行，學習各國歷史，逐漸發現「我的觀念可能有錯」。

　　當初之所以要周遊列國，是因為我覺得自己有所不足。是的，我想要找到自己的存在價值。為此，我必須離開自己住習慣的紐約，到陌生的地方去。

　　在世界各國繞了一圈後，我開始認為「金錢只是數字」，是「讓我們減少煩心事的工具罷了」。

日本很少有億萬富翁（個人資產十億美元「約一千億日圓」），我接觸過的億萬富翁其實並不那麼重視金錢。他們認為錢不是「拿來用的東西」，只是「數字而已」。他們會花錢在周遭的人身上，受到眾人敬重，但不會為了自己奢侈。

我認為想賺錢過奢華生活的人，不可能成為有錢人。建議各位不要想著「增加金錢」，想著「增加數字」較容易達成目標。

不要想著增加金錢

與有錢人無緣的想法

一直想著如何花錢

有錢人的思考

把錢看成數字
想著自己的目標

summary
**不執著於花錢，
只想著增加金錢的「數字」。**

04

「資產超過一億日圓」與 「投資」互相連動

Investing is correlated with becoming a Millionaire

我相信很多人都想成為億萬富翁，但這件事沒那麼簡單，並沒有「實踐這三件事就能成為億萬富翁」這種秘笈。如果有人這麼告訴你，千萬不能相信他。

我很喜歡數據，我來為大家介紹一個日本很少看到的國際數據。

各位要如何解釋全由各位決定，因為我一直認為最後的決定只有自己一個人能做。

想成為億萬富翁，就必須知道世界上有錢人的狀況。

首先來看有錢人的定義。根據我遊歷世界各國的經驗，「金融資產超過一億日圓」的人才是有錢人。換算成美元則是一百萬美元。

綜觀世界上有錢人的數據，大多數人的資產介於一到五億日圓之間，九成以上的有錢人都在這範圍內。放眼全世界，擁有五億以上資產的超級富豪少之又少。話說回來，有錢人都擁有哪些資產？

舉例來說，資產約一到三億的人，五成八的資產，也就是超過半數屬於投資資產；自用不動產則佔一成八，是第二多的資產類別。

進一步分析，投資資產又包含哪些呢？

最大宗是股票，接著是債券、現金、另類資產（不動產、商品、未上市上櫃股票等）。

其中的重點在於「全世界有錢人的資產以股票佔比最大」。也就是說，從統計觀點來看，投資股票是邁向有錢人之路的捷徑。

「數學不會騙人」，這是我喜歡統計的原因，數字是客觀判斷的指標。

人有時會說謊，我自己也說過謊，正因如此，更要參考數字客觀判斷。

各位如果想成為億萬富翁，請務必參考世界上有錢人的統計數據。同時也要參考有錢人實踐的方法。關鍵就是「參考有錢人的投資組合」、「了解真實狀況」，這是第一步。

世界上有錢人的資產構成

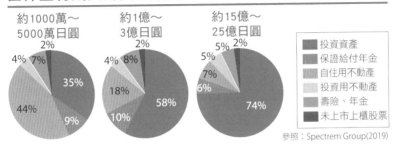

參照：Spectrem Group(2019)

美國富人階級平均資產分配

參照：U.S.Trust 2018 Insights on Wealth & Worth

summary

**成為億萬富翁最快的捷徑
是效法世界上的有錢人。**

05

第一步先決定
「要在哪個領域賺錢」

Decide which topic/area you want to make money in

接著來了解有錢人和手頭較不寬裕的人，資產構成有何差異。

下圖是資產10K（1萬美元＝約100萬日圓）到1B（10億美元＝約1000億日圓）的人的資產構成。

由此可以看出，金融資產愈少，自宅與汽車所佔比例愈多。10K（約100萬日圓）的人，擁有資產幾乎都是「自宅」與「汽車」。

相反地，資產愈多，投資部位就會愈大。這就是世界上有錢人的真實狀況。

我想告訴各位，一定要客觀看待數據。簡單來說，大多數有錢人都會投資，這是鐵錚錚的事實。

規模別資產明細

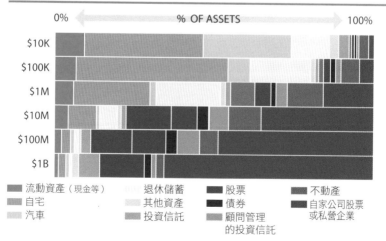

參照：VISUAL CAPITALIST

相信各位讀者中，一定也有不少人展開新事業，想要成為億萬富翁。

思考新商品、新服務，開發新技術、打造新事業的故事十分吸引人。許多因此成功的人接受媒體採訪，讓人看了也想跟著一展身手。

不過，請各位看一看真實數據。容我再次強調，大部分世界上有錢人的資產幾乎都是投資。

還有另一個各位要注意的地方。

那就是當資產超過10M（1000萬美元＝約10億日圓），自家公司股票與私營企業（未上市上櫃股票）的比例就會變大。

誠如前一項介紹過的，資產超過5M（500萬美元＝約5億日圓）的人數全世界少之又少，人數並不多。資產1B的人，六成以上的資產是自家公司股票與私營企業。

順帶一提，我之前也提過，開創新事業的「新貴富豪」都擁有強烈的熱情，他們隨時隨地想的都是自己的事業。他們沒有任何興趣，唯一的興趣就是工作。

休假時他們也經常滑手機，確認訊息，不過，他們不覺得自己是在工作，反而樂在其中。

每個人發揮熱情、全心投入的事物不同，無法一概而論。不過，根據我的經驗，孩提時代的經驗影響相當深遠。

十歲以前的經歷可說是一個人的基礎，再衍生出其他的可能性。我們很可能受到自己看過的電影影響，家人的工作也可能改變我們的熱情所在。

個人的熱衷事物受到孩提時代影響

去過的地方

體驗

食物

父母的教誨

■「投資」是最有效的賺錢方法

話題再回到資產超過1M（約1億日圓）的人，我們會發現大多數這樣的人，其資產來自股票、債券和不動產。

再為各位介紹另一項數據。

資產超過1B的人（約1000億日圓）的億萬富翁，其資產的絕大部分來自事業收入。所謂的事業又是哪個類別呢？

答案是金融業。

若想成為億萬富翁，第一步就是要決定自己想在哪個領域累積財富。

客觀檢視全球統計數據，會發現許多富豪的資產投入在「金融、投資」領域，這一點無庸置疑。

換句話說，具備金融、投資相關知識是成為有錢人最有效的方法。

世界上億萬富翁的事業收入

	億萬富翁的比例	億萬富翁的人數	億萬富翁的資產（1＝10億美元）	平均資產（1＝10億美元）
金融	20.7%	538人	1,704	3.2
財閥	13.1%	341人	1,168	3.4
不動產	7.6%	197人	547	2.8
食品‧飲料	5.8%	152人	496	3.3
製造	5.8%	151人	389	2.6

※億萬富翁的定義是「個人資產超過10億法定貨幣的人」，本書將「億萬富翁定義為個人資產超過10億美元（約1000億日圓）的人」。

參照：Wealth-X

summary

**若想成為有錢人，
就要培養投資與金融相關知識。**

06

謹慎嘗試新事物

Try new things one step at a time

很多人都認為「既然要嘗試新事物，就要卯足全力、付出一切才行」。事實上，世界上的有錢人在增加金錢這一點上，採取完全相反的戰略。

也就是「剛開始只要使出一到兩成的力氣，一邊修正軌道，慢慢用心投入。」

這是增加金錢最重要的想法。

不只是投資，我的一生中每次嘗試新事物時，都謹守「謹慎嘗試」的原則。

託各位之福，現在有許多網友收看我的YouTube影片，但我剛開始從未想過要以現在的型態經營我的事業。不僅如此，當初我還覺得社群網站是個「很詭異」的媒介。

我是在二〇一九年十一月底開設帳號的，剛開始幾乎沒有活動。後來過年的時候，我的父母問我「二〇二〇年的目標是什麼？」，我想也不想就回答「我想向世界分享自己的想法」。

最初經營YouTube頻道時，我其實沒什麼信心，也不認為有用，但在經營的過程中，我結交了許多日本好友。

不僅如此，我也更加了解日本。我是日美混血，一直住在美國，回到日本之後，雖然會說日文，卻不太了解日本社會的結構。

但透過YouTube與許多人交流，獲得無數網友留言，看了他們

的留言，讓我能更快速、更多元地了解日本。

　　最初我也想過開網路會議，但每次參加會議的人數只有二十～三十人。相較之下，YouTube影片一次能有數萬人次觀看，這也是YouTube的魅力之一。

　　無論任何事情，我都要親自嘗試再做判斷，不少世界富豪也有這項特質。

　　投資也是一樣，不要等做好所有功課、學習完所有知識再開始，先少量投資一些再看情形調整。這個做法能讓你更有效率地了解投資，若發現「不適合自己」也能早日脫身。

　　想要早日做出成果，「坐而言不如起而行」，這就是重點。

早日做出成果的方法

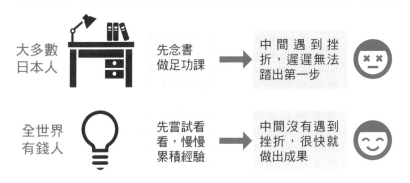

| 大多數日本人 | 先念書做足功課 | 中間遇到挫折，遲遲無法踏出第一步 |
| 全世界有錢人 | 先嘗試看看，慢慢累積經驗 | 中間沒有遇到挫折，很快就做出成果 |

summary
不要先學再開始做，
先嘗試看看，這一點很重要。

07

無須動的時候就休息，保留能量

Conserve and use your energy efficiently

如果你觀察過獅子，就會發現獅子幾乎都在睡覺，感覺上終其一生過得都很悠閒。肚子餓了就狩獵，偶爾和同伴打架，除此之外，幾乎動也不動。

不過，獅子狩獵的方法值得我們參考，不只是投資，賺錢時也很有用。

獅子是動物，沒有跟人類一樣的情感反應。牠們只在必要的時候才活動，我稱之為「獅子戰略」。

不必要的時候完全不動，是為了保留自己的能量。

能量有生理（身體）能量，也有心理（精神）能量。累積這兩種能量很重要。

人類通常會「反覆」思考，遇到必須思考的事情就在腦海中一而再、再而三地思考，最後總是會做出違反自己意思的決定，浪費許多時間。

尤其是當我們感到壓力時，我們每天會在腦中反覆想五十次，像是遇到工作上的人際關係，情侶或家人的問題，就會一直想「我應該這麼做才對……」、「你為什麼要對我說這些話」等等，相信各位多少有過這樣的經驗。

如果沒有「反覆思考」，我們就能去想更重要的事情。

話說回來，怎麼做才能減少「反覆思考」？

不要將同一件事想五十次，而是走多樣化路線，將五件事各想十次，或思考五十件事。如此一來，就能有效運用心理能量，一開始或許很難，但習慣之後就會變得很簡單。

思考多樣化

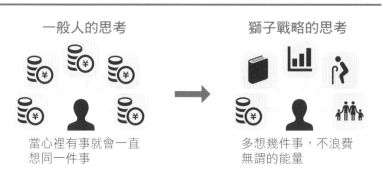

一般人的思考

狮子戰略的思考

當心裡有事就會一直
想同一件事

多想幾件事，不浪費
無謂的能量

必須奮戰時一定要戰，但如果不需要奮戰，就保留心理能量。即使自己沒有任何感覺，但身體休息的時候就會累積能量。

投資有一句名言是「落下的刀不要接」，意思是「價格崩跌時不要出手，耐心等待才是聰明的做法」。當股價暴跌，有些投資人會按捺不住，認為「現在是進場的好時機」。尤其是股市新手，暴跌時絕對不是「奮力一戰」的時候。讓刀掉下來，在反彈震盪完全結束之前，一定要保留能量。耐心等待絕不會太遲。

summary
**將心理能量分散在多樣化事物上，
減少反覆思考。**

08 相信自己，
遭受打擊也不放棄
Don't give up and believe in yourself

想要增加財富，就要「找到存在價值，相信自己，勇敢嘗試」。

就算只是一名普通的上班族，若能相信自己的公司，就會「提出好創意，幫助公司成長」。在這種情況下，只要相信自己，無論別人說什麼，都不會阻礙自己努力的決心。

自己開公司當老闆的人陷入生存危機時，也能運用這一點。

相信自己，遭受打擊也不放棄。

從精神主義的論點來看，不少全球富豪的意志力相當堅強。

電影《洛基》（Rocky）描述默默無名的主角拳擊手洛基・巴波亞（Rocky Balboa），與世界冠軍對戰的故事，洛基說的一段話令人印象深刻。

「重點不在於你可以打出多重的攻擊，而是在於你可以承受多重的攻擊，繼續往前行。」

我已經不知道對自己說過多少次這句話了。

當自己遭受打擊時，怎麼做才能再站起來呢？

最好的方法就是採取前一項所說的「獅子戰略」，好好累積自己的能量。

不需要奮戰的時候絕對不戰。

多方面思考，備妥各種武器，並且相信自己。只要做到這一點，無論是誰遭受打擊都能重新振作。

我在避險基金工作的時候，曾經損失七億日圓。由於損失金額太過龐大，除了自責，主管也會嚴厲斥責我，對我說：「我相信你才把錢交給你，怎麼會發生這種事？」或是下最後通牒：「再這樣下去我就要將資金抽回來！」

幸好在那之後我的投資績效不錯，可以繼續運用那筆資金。但前後有六個月的時間，我感到強烈不安。主管經常監控我的投資行為，成天質問我「為什麼在這個時間點買進」或「為什麼現在賣掉」，給我極大壓力。

事實上，造成龐大損失的原因，在於我不肯立刻承認自己的失敗。若能立刻承認失敗，迅速分析原因，就能很快轉換情緒，可惜我沒做到這一點。

自從有了這個經驗之後，我一直提醒自已承認失敗，盡可能將錯誤降至最低，避免蒙受龐大損失。

summary **承認自己的失敗，轉換成武器，**
無論遭受任何打擊都不會被擊倒。

09

擴展自己的小圈圈

Observe your environment with a wide viewpoint

全世界有錢人最重視「多樣化的思考」。

大多數人都會拿自己與周遭比較，如果周遭世界很小，在這個小小天地成功，就會感到滿足。

不過，若想增加財富，必須擴展「自己世界」的小圈圈。

當我們所處的世界圈圈擴大，我們能接收身邊的人給予的各種刺激。

無論是上班族或自營業者，多少都必須與周遭競爭。此時若自己的圈圈很大，就能接受更多創意與想法。即使只在自己的小小天地努力，好好參照他人的想法，即可提高自己的勝率。

想要擴展自己的小圈圈，改變行為模式最有效。每天早上起床，去工作，吃午餐⋯⋯人很容易重複相同的行為模式。我們要打破的就是自己的慣性。

話說回來，不需要刻意改變自己的行為模式。想法多樣化，自然就能慢慢改變自己的行為。

容我舉個簡單的例子，假設你在空調製造商工作，在製造新冷氣的遙控器時，所有人必須一起討論「按鈕要如何配置」、「液晶螢幕需要多大」等需求，一起設計出最好的製品。

不過，製作團隊全都是擁有相同想法的人，大家過著同樣的生活，抱持相同目標。

如果此時團隊裡有各種不同的想法，就會調查「海外的遙控器如何設計」，只要上網搜尋，很快就知道答案。國外的亞馬遜網站也很有幫助。

多方搜集資料後，一定會發現「日本遙控器的黃色按鈕在海外是紅色的」、「遙控器上的按鈕只有三顆」這類平時容易忽略的細節。假設其他公司的利潤比自家公司高，比較「對方的不同之處」較為有利。

拓展自己的思考框架，將新奇創意帶入「自己的世界」靈活運用，絕對有利於自己的事業發展。

無論是本業、副業、自營業者或退休人士，如今已經是網路世界，我們可以很輕鬆地擴展多樣化思考。這一點是增加財富不可或缺的關鍵。

擴展自己的小圈圈

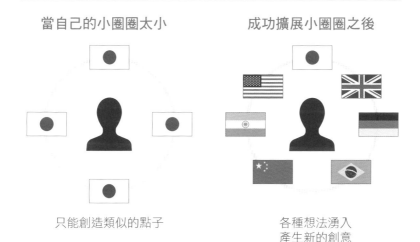

當自己的小圈圈太小	成功擴展小圈圈之後
只能創造類似的點子	各種想法湧入 產生新的創意

summary 多樣化思考可以改變自己的行為，
創造自己與別人的差異。

10 日本人最不會這個！
學習「失敗的方法」
Learn how to make mistakes!

成為有錢人最重要的關鍵，在於學習失敗的方法。

十歲之前，我大多數的時間在日本度過，親身感受到「在日本犯錯會受到嚴厲批評」的固有文化。相信許多人從小就被父母師長教育「千萬不要犯錯」。

在日本，電車依照時刻表運行是理所當然的事情。大多數人出門在外總是小心不要弄髒衣服，做菜一定要按照食譜內容。正因如此，日本才會營造出井然有序，乾淨整潔的社會。

然而，凡事有優點就有缺點。世界上有許多人想成為富豪，想要脫穎而出，必須在激烈競爭中倖存下來。

為了達到目的，有時候必須採取激烈行為，當然也會遭遇失敗。但正因為經歷了失敗，更必須學習聰明失敗的技巧。

我二十多歲在華爾街工作的時候，我的人生導師問我：「你想成為有錢人嗎？」我回答：「當然想。」他立刻對我說：「那就要學會失敗的方法。」

我問他：「不是要學會成功的方法嗎？」他回答：

「丹，你錯了。為什麼要學會失敗的方法呢？因為只要學會失敗的方法，就知道如何迴避。只要知道如何迴避失敗，成功自然就會到來。」

損失時立刻停損，這件事無論做幾次都會感到心痛，因此，每當我遭受損失，我就告訴自己「我沒錯，都是對方不好」，把責任歸咎給別人。

話說回來，盡早停損，累積多次失敗經驗之後，就能早日奮起。久而久之，就能正面看待失敗，想好對策，不讓自己重蹈覆轍。

這就是人生導師想要告訴我的道理，可惜我花了好多時間才明白這一點。導師的教誨成為我人生的基石。

小小失敗可以獲得大大成功

重複小成功
最後遭遇大失敗

重複小失敗
最後遭遇大成功

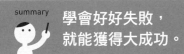

summary

學會好好失敗，就能獲得大成功。

11

對日本人最有效的
「逆向操作」
Contrarian Strategies for Japanese

大家常說「日本缺乏多樣性」，或許是受到島國屬性的影響，這一點沒有好壞之分，只能說是文化特性。

幾年前比特幣蔚為風潮，當時日本出現了許多虛擬貨幣公司。

不只是比特幣，這一點也表現在許多層面上。走在東京街頭，就會看到許多相同的店家，這些店都鎖定同一群客人。

基於日本社會的這項特性，「逆向操作」相當有效。

在其他國家，每個人都擁有自己的想法，各自行動，「逆向操作」很難奏效。但日本人總是一起行動，不願標新立異，「逆向操作」反而正中下懷。

所謂「逆向操作」就是「做別人不做的事」、「創造別人想不出的創意」。

當大家都朝同一個方向前進、做同一件事的時候，請思考與大家完全相反的路。以投資為例，「當大家賣的時候，你就要買。」當然，這麼做的風險是，你可能會接住正在往下掉的刀子，因此，經驗與時機便顯得極度重要。話說回來，你也可能遇到人生的一大轉機。

與別人做完全相反的事，就像逆風前行，阻力很大。在過去的日子裡，我也被遭周的人質問過許多次。

「為什麼你要離開華爾街？」

「為什麼辭掉大型投資銀行的工作？」

「為什麼要跳槽去小小的避險基金公司？」

那個時候，我和競爭對手幾乎都朝同一個方向前進，我在這個現況中找到了機會。

雷曼兄弟破產事件之後，金融界的人都覺得「還有工作就是萬幸」，因此，即使遇到好的工作機會，也幾乎沒人想要轉換跑道。

我發現了機會並勇於談條件，找到了好的事業。

找出別人不做的事。

當目前掀起的風潮愈大，逆向操作就能掌握絕佳機會。尤其是日本人天生習慣和身邊的人做同一件事，逆向操作更加有效。

採取與別人不一樣的逆向操作

summary　找到沒人發現的機會，
　　　　　成功近在眼前。

12

與自己談條件

Trade your own self

全世界有錢人最擅長的就是「與自己談條件」。

以我個人來說，只要前一天晚上睡不滿八小時，第二天就無法百分之百發揮。遇到這種情形，我會比平時多穿一點，避免著涼，或是多吃一點納豆，聽自己喜歡的音樂。總而言之，就是盡可能放慢腳步。

相反地，如果我睡滿八小時，可以充分發揮自己的能力，就做完全相反的事情。例如積極活動，盡可能在一天內處理更多事情。

不只是睡眠如此。

人生有許多波折。當你和朋友分離或家人逝世，一定會遇到「什麼事都不想做」的時候。

在這種情況下，千萬不要強迫自己。

狀態不好就減少行動，讓心靈放鬆。跟自己談好交換條件，「等狀況恢復就全力以赴，現在先放輕鬆。」

成為有錢人就像跑馬拉松，一開始跑太快，到了下半場就會鐵腿，再也跑不動。

投資成功與否，「判斷力」與「專注力」相當重要。在狀態不好時做出投資判斷，不僅無法賺錢，更可能蒙受損失。

有鑑於此，覺得自己「較為虛弱的時候」，請聆聽身體意見，放慢腳步。無論任何生物，都不可能永遠全力奔跑。

偶爾讓自己放鬆，「設定放慢腳步的日子」也很重要。我自己「常常因為過於拚命，身心感到十分疲勞」，適時放鬆才能再次全力以赴。

　　人類的大腦需要放鬆才能發揮創造力。

　　屬於拚命三郎的人不妨事先在月曆標註放鬆日，一個月一天，讓自己好好充電。

與自己談條件

狀態不好時　　　　　　　　充飽電的時候

睡眠不足、身體狀況不佳……

狀態良好，可以全力以赴。

放慢腳步，度過悠閒時光。

加快速度，盡可能完成更多事情。

summary　**自己狀態不佳時，請刻意放慢腳步。**

13

沒自信的人
該做這三件事

3 Action Points for those who lack confidence

　　參考各國的民意調查，就會發現比起其他國家，日本人沒自信的比例很高。如何才能讓你相信自己？容我介紹幾個國外流行的方法。

　　第一是「不要認為自己什麼都做不好」。

　　許多完美主義者總是要盡善盡美才甘心，我也是如此。不過，這個世界不可能盡善盡美。

　　根據一項前幾年的調查數據，獨立行政法人國立青少年教育振興機構的「高中生活與意識相關調查報告書」（二〇一五年）顯示，針對「是否曾經覺得自己很沒用」這個問題，在日本回答「經常這麼想」與「偶爾這麼想」的比例，加起來高達百分之七十二點五。

是否覺得自己很沒用

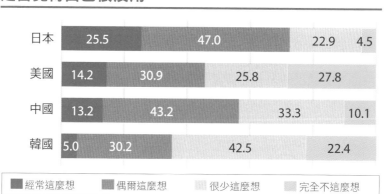

	經常這麼想	偶爾這麼想	很少這麼想	完全不這麼想
日本	25.5	47.0	22.9	4.5
美國	14.2	30.9	25.8	27.8
中國	13.2	43.2	33.3	10.1
韓國	5.0	30.2	42.5	22.4

出處：獨立行政法人國立青少年教育振興機構的「高中生活與意識相關調查報告書」（2015年）

比起美國的百分之四十五點一、中國的百分之五十六點四、韓國的百分之三十五點二，日本的比例真的很高。大家都知道，中國人與韓國人「要做就要做到最好」的意識十分強烈，但日本的比例比這兩個國家高出這麼多，還是令人驚訝。

我希望各位了解，不是只有你認為「自己沒用」。
許多人都認為自己沒用，因此，就算失敗也不要獨自承受。

第二是「保持健康」。
根據美國心理學家亞伯拉罕‧馬斯洛（Abraham Maslow）的需求層次理論（Maslow's hierarchy of needs），人類的需求分成五個層次（請參照下圖）。許多地方都用過這張圖，或許各位也曾聽過。

馬斯洛以金字塔解說需求層次，最底層的是「生理需求」，這是維持生命的基本需求，例如吃飯、睡覺等。

第二層是「安全需求」。想要維持經濟穩定、良好健康的狀態。

第三層是「愛和歸屬的需求」（社交需求）。覺得自己被社會需要，對社會有所貢獻。

第四層是「尊嚴需求」。希望受到自己所屬的團體組織認可，成為有存在價值的人。

第五層是「自我實現需求」。將自己的能力與可能性發揮到極致，達到自我實現的境界。當下層需求滿足，人就會繼續追求更高層級的需求，這五個層次的需求是由下而上追求滿足的。

從這個理論來看，想要實現自我，第一件要做的事就是「維持健康」。健康可以減少我們的不安，增加自信，充分睡眠，勤運動，是成功維持健康的第一步。

我在華爾街工作的時候，也必須掌握亞洲市場，美國時間與亞洲是日夜顛倒的，所以我長期作息不穩定，睡眠時間不足，腦袋也變得很遲鈍。現在我知道睡眠是很重要的，每天一定要睡足八小

馬斯洛的需求層次理論

自我實現需求		想要實現自我
尊嚴需求		希望受到肯定
愛和歸屬的需求		受到他人需要
安全需求		想要經濟穩定 想要維持健康
生理需求		希望吃飽 睡好

時。

第三是「具備專業知識」。

我不會的事情有很多，但我很重視自己的專業。和第一次見面的人說話時，只要具備「沒人比我強」的專業知識，就會感到無比自信。

根據社會學家大衛・鄧寧（David Dunning）與賈斯汀・克魯格（Justin Kruger）共同研究的鄧寧—克魯格效應（Dunning-Kruger effect），一個人的自信程度與知識程度之間的關係呈U形曲線。

知識程度愈低，想法愈樂觀，自信程度也愈高。但隨著知識增加，與周遭的人持續對話，就會發現自己的無知，降低自信程度。接著再繼續累積知識，就能提高自信程度。

有鑑於此，建議各位一定要具備一門專業知識，對自己充滿信心。

鄧寧—克魯格效應

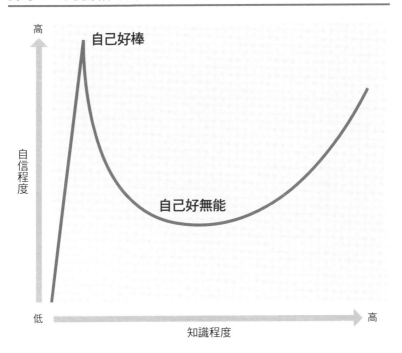

summary

很少日本人相信自己，立刻付諸行動，提升自己的自信程度！

14 知道何時該決定轉職

Make a judgement on when you should change career

我聽過一種說法是「日本年輕人不想出人頭地」，我認為原因應該在於「年輕人並不真正熱愛自己的工作」。

若能讓他們在工作中找到價值，自然可以產生幹勁。

許多有錢人積極掌握轉職的機會。當他們發現「自己並未朝著目標邁進」，就會考慮換工作。

比起實現個人的夢想，日本人大多會選擇和團隊一起達成目標。但事業有成的人從出社會的第一天起，就一直在思考：「我該選哪條路才能專注在自己的夢想，讓自己感到開心？」

日本有句俗諺是「在石頭上也要坐三年」。

我不認同這句話。年輕時正是實現自己夢想的時候。在同一個地方努力三年，若無法接近自己的夢想，一點意義也沒有。我認為年輕人應該花三年的時間找到自己想做的事，一步步朝夢想邁進。或許很多人都知道，英文中並沒有可以精準表達日文「我慢」（忍耐之意）的詞彙。

一開始我也以為自己很適合在華爾街工作，因為我認為我很擅長銷售。

但實際工作之後，才發現我做得很差。想將商品賣給客戶，有時必須矇騙對方，這對我來說是絕對不可接受的事情。

後來經過仔細思考，發現我喜歡與他人競爭。我不喜歡輸，所以我認為自己應該可以在金融交易的世界發揮所長。於是，我跳槽到避險基金公司工作。

許多紐約上班族都會在短時間內頻繁換工作。

我認識的、與我年齡相仿在華爾街工作的人，大多數在任職之後的兩年內跳槽。他們轉職的工作領域各有不同，我有一個很好的朋友辭去金融工作後，跑去當作家。

紐約與日本上班族對於轉職的想法差異

【紐約】發現無法接近目標就會立刻轉職

一步步朝目標
邁進

目標

轉職

轉職

轉職

轉職

【日本】就算無法接近目標也會做三年再說

發現自己不可能達到目標
才轉職

目標

轉職

summary

**發現離自己的目標愈來愈遠時，
不要猶豫，立刻考慮轉職。**

日本人的英文能力比馬來西亞差？

我還單身，沒有小孩，對教育一直漠不關心。但最近我在考慮將來要結婚，也想生小孩。

教育是影響孩子人生的關鍵。

我回到日本之後，調查了一下與教育相關的數據。沒想到調查之後，讓我開始擔憂，是否要讓自己的孩子在日本長大。因為我發現讓孩子在日本接受教育，很可能無法培養世界競爭力。

實際調查世界大學排名就會發現，日本頂尖的東京大學根本沒擠進前段班。雖然許多機關都做了相關調查，但排名最好的只有全球第三十六名，最差的甚至落到第七十四名。

我也調查了一下教育和工作機會，總部位於瑞士的頂尖商學院IMD，調查全球企業「想採用來自哪個國家的員工」。日本在二〇一八年排名第二十九、二〇一九年排名第三十五，馬來西亞排名第二十二，日本遠遠落後馬來西亞。我曾經住過馬來西亞，甚至還在考慮是否該搬到馬來西亞住。

為什麼會發生這種情形？我認為原因有三：一、英文能力太差；二、GDP（國內生產毛額）太低；三、開學典禮（四月入學）與大學考試有問題。

這一次發生新冠疫情，日本國內在討論是否該將學校開學改到九月份，我贊成這個想法。這個做法能讓日本大學生更容易到海外留學。至於大學考試，我認為應該更重視英文。如今已經是全球化社會，英文是工作上不可或缺的能力。

Chapter

2

投資的基本概念

我能斷言「所有」全世界有錢人都在做投資。就像我在第二十六頁所說，富豪有超過一半的資產是「投資資產」。既然要投資，該從哪一項開始呢？建議各位先學習本章解說的「投資的基本概念」，再研究個別商品。

15

投資是
「存錢並增加財富」

Investing means transferring your money to another to try and increase it

閱讀本書的讀者中，一定有人認為投資「就像賭博，感覺很恐怖」。

我建議有這種想法的人，不妨將「投資」視為「存錢、增加財富」。

我第一次投資是在十二歲的時候，那一年我拿到爺爺奶奶給的十萬日圓壓歲錢，於是決定投資。

在此之前，我從未拿過這麼大筆金錢，還記得當時我很興奮，因為金額太大，我還想不到可以拿這筆錢買什麼。

爸爸見我無法決定要怎麼花這筆錢，跟我說：

「不妨將這十萬日圓增加至二十萬，你覺得呢？」

當時爸爸並未使用「投資」這兩個字，他只教我「把錢存起來，以後就會變多」這個概念。

當時美國國債的利率為百分之七，只要持有十年就能倍增。不過，那個時候我完全不了解這是什麼意思，只是單純覺得「十年就可以變兩倍，好棒喔！」，於是將壓歲錢交給爸爸，由他幫忙買國債。

這個經驗讓我相信以後我一定可以拿到兩倍的回報，我也相信「我以後會變成大富翁」。順帶一提，只要按照「七二法則」概算，就能算出一筆錢變成兩倍需要的時間，以及變成兩倍需要多少利息（請參照次頁圖表）。

我的父母在處理錢的態度上比較務實，他們給我的零用錢只夠我在學校買午餐，並剩一點零錢在身上。

　　每次幫忙做家事，我也會拿到零用錢；此外，我也會去問鄰居「需不需要人幫忙除草」，一次可以賺取二十到三十美元。我把錢放在抽屜裡，累積到一定程度就拿去買國債，就這樣度過我的少年時期。

　　我的經驗只是一個例子，不要認為「投資＝賭博」，而是從「投資＝儲蓄」的角度思考，就能瞬間降低投資門檻。

「七二法則」可以計算出本金變兩倍的時間與利息

本金變兩倍的時間	72	利息（％）

※假設利息8%，72÷8，大約9年就能讓本金變成2倍。

能讓本金變兩倍的利息	72	期間（年）

※假設10年本金變2倍，72÷10，大約需要7.2%的利息。

summary

熟悉投資方法就能減少對於金錢的擔憂，也能對自己產生信心。

16

搜集大量資訊，
靠自己的「心」判斷

Gather lots of data and use your Gut feeling

　　從十二歲到現在，我已經持續投資長達二十三年。二十三歲以後，我沒領過固定薪水，而是透過財富運用獲得的成果報酬與個人財產的投資績效維生。

　　我從自己的經驗吸取心得，再加上全球富豪實踐的方法，發現了幾個可以透過投資創造利益的法則。經過統整之後，我精簡成「五大原則」。接下來為各位介紹「透過投資獲利的五大原則」。

　　此外，在我的觀念裡，「短期買賣＝交易」、「長期運用＝投資」。任何方法都有風險，重點在於可將風險降到多低。

【原則1】盡可能收集相關資訊

　　在交易與投資的世界中，「資訊就是武器」。武器愈多，選項就愈多，讓你的判斷更正確。

　　簡單來說，金融市場是「戰場」。基本上，當有人賺一塊錢，就有另一人損失一塊錢。這是所謂的「零和遊戲」（zero-sum game）。

　　該用什麼方法收集資料才能在「戰場」中倖存下來？詳情將在第一九〇頁解說，不過，我每天看《日本經濟新聞》、《彭博社》、《經濟指標》（Trading Economics）、《CNBC》等大約十種報紙和網路媒體，收集各種資訊。

　　收集資訊須注意一個重點，那就是不要花太多時間。如果每一篇報導都要深入解讀，再多時間也不夠。因此，我都是先看「標題」，發現感興趣的報導再看完整篇內容。

原則1　盡可能收集資訊

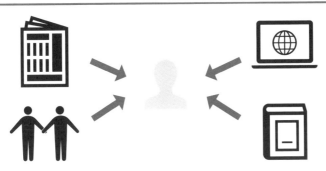

【原則2】不聽從他人意見做決定

不只是報紙或網路新聞，社群網站和部落格也有滿滿的資訊。

不過，即使看過或聽過數量龐大的意見，最終一定要靠自己的「心」判斷。說得精準一點，是靠你的「心」與「頭腦」做決定。無論資訊來源是家人、朋友、公司主管或任何人，都不能只聽從對方的意見，這一點很重要。

原則2　靠自己的「心」判斷

 summary
無論是可信度多高的資訊，
都要抱持懷疑態度仔細查證。

投資標的多樣化

Diversify your investments

【原則3】分散投資

投資標的與投資商品都要多樣化，也就是「分散投資」原則。

人有時會在交易與投資中犯錯，無法百分之百避免。正因如此，建立投資組合，讓投資地區和投資商品多樣化的步驟相當重要。

大多數人日本人的資產偏向日本與美國，其實也應該要將眼光放在德國、法國、西班牙、巴西、俄羅斯、中國與印度等國家。特別是印度與東南亞等新興國家前景看好。

對新手來說，投資時最難的地方在於選股，不妨選擇ETF（指數股票型基金），增加投資的多樣性。

最好選擇在信譽優良的證券交易所上市的ETF，至於選擇方式和推薦的ETF，留待Chapter3詳細解說。

原則3 投資多樣化

分散地區

分散投資對象

股票　債券　不動產　貴金屬

summary

ETF本身就是分散投資，
比買個股更令人放心。

18

記錄投資理由

Write down your reasons for each investment

【原則4】記錄買進與賣出的理由

　　每一次的交易與投資都要記錄，這是我在基金工作時，前輩給我的建議。

　　舉例來說，每次買進新股票就寫下購買理由，同時也寫下未來賣出的原因，像是「出現什麼狀況就賣掉」等原則。

　　也要寫下停損原則，例如「出現這種狀況代表自己的判斷錯誤，所以要賣掉」。

　　如果不記錄下來，當自己犯錯時就會為自己找藉口，告訴自己「我是對的」。我想說的就是你會騙自己，反而讓你無法從失敗中學習，不斷重蹈覆轍，也無法控制情緒。

　　記錄方式不一定要手寫，我用電腦管理投資狀況，定期檢視。透過這個方式客觀看待與過去對話的自己，下一次做決定時也能派上用場。

原則4　記錄買進與賣出的理由

summary

清楚寫下買賣原則，可以避免欺騙自己。

19

買賣要「少量」執行

Buy and sell slowly

【原則5】買賣都不能梭哈

　　當你要從事新的買賣時，絕對不能一次全押。不要受到情感左右，分幾次完成投資。

　　當想買的股票下跌，很多人會覺得「現在是買進的好時機，不如一次全買，大賺一筆」，但我不建議一次買足。

　　假設你想投入十萬日圓，先買三萬日圓，等到後面跌價再拿三萬日圓出來買，若再跌價，則再投入四萬日圓。就像這樣少量分批買進。賣出的時候也一樣。

　　投資很容易因為意想不到的事情暴漲暴跌，將所有資金在同一個時間全部投入，如果遇到暴跌就會損失慘重。

　　全世界有錢人看待投資時，想的都是「可以減少多少損失」，而非「可以賺多少」。

原則5　買賣都不能梭哈

分散時間與金額

　　或許有些人認為「他們都是有錢人才會這麼想」，其實並非如此。因為他們知道金錢慾望太重，反而會讓錢溜走。當事情發展得太過順利，更需要自制力。這才是投資成功的心法。

summary

**發現時機降臨時失去自制力，
會失去冷靜判斷的能力，一定要小心。**

20

不設定收益目標

Don't make a profit goal

有些人認為投資時必須訂定「一定程度的投報率」，個人認為若是過度執著於目標，愈容易對投資產生負面情緒。這一點在投資新手身上特別明顯，各位一定要特別注意。

假設你訂定的目標是投報率百分之十，但實際投報率只有百分之五，此時你會如何反應？你可能會覺得「我沒有投資天分」、「我不適合投資」、「還是儲蓄最好」等，降低投資意願。

如此一來，你可能會賣掉中長期看好的商品，不再每天收集資訊，不再注意市場動態，對你來說毫無益處。

重點在於，不設定收益目標，以閒錢輕鬆投資。

設定目標的方法

確保每年10%的投報率！

我要事業成功，貢獻社會！

無法達成時會產生負面情緒，降低投資意願。

心中充滿熱情，自然能吸引夥伴與財富。

summary

若設定投報率，無法達成時反而會產生負面情緒。

21

收入分三份，
確保投資資金

Divide your income into 3 brackets

開始投資是成為有錢人最確實的方法，美國股市平均每年都有百分之九到十一的成長率，關於這一點，我將在第二一二頁詳細說明。假設每個月投入一萬日圓，以這個成長率來計算，二十五年就能增加至一千萬日圓。

話說回來，怎麼做才能確保每個月都有儲備的投資資金。

最好的方法是「將支出分成三份」。分別是「居住費」、「自己與家人的費用（生活費與教育費）」以及「其他」。

「其他」的部分包括從事個人興趣、聚餐等享受人生的各種支出，但我建議各位，請盡可能從中保留一定金額，投入固定的定期定額投資。

將支出分成三份

居住費
（房租、房貸、
水電費等）

自己與家人
的費用
（生活費與教育費等）

其他

盡可能從這個部分
拿錢出來投資！

準備好拿來定期定額投資的資金後，請思考投資組合（金融商品的組合）。

首先，將資金分成長期與短期投資。長期投資設定在七到九成，剩下的一到三成拿來短期投資。

容我先解說長期投資。

長期投資中，四到六成投資在「股票」、「公司債」與「不動產」上。經濟成長的時候，這個部分的資產就會增加。綜觀過去的歷史，經濟成長期都比經濟衰退期長，因此這個部分的投資比例比較多。

接著，將一到三成的資金投入「國債」、「現金」等較為穩健的投資商品上。遇到經濟衰退期，這個部分就很有用。

剩下的兩到四成投資在「商品」上。例如黃金、白銀、白金等貴金屬，或是比特幣、能源等各種商品。

各個組合比例我都設定了一個範圍，各位可以依照自己的年齡與個性，決定各自比例。二十到三十九歲的人，可以增加股票、不動產與商品的比重；如果是七十到八十九歲的人，可以提升國債與現金比例。如果你的個性比較容易感到壓力，不妨多建立一些穩健的安全資產。

將投資資金分為長期與短期

長期投資 7～9成		短期投資 1～3成

股票、公司債、不動產 先進國家、發展中國家、美元計價、日圓計價、其他貨幣計價	國債 （日、美、歐） 現金	商品 金、銀、白金、比特幣、其他
4～6成	1～3成	2～4成

summary
**根據自己的年齡與個性，
調整定期定額投資的商品組合。**

22

建立不怕危機的
投資組合

Create a portfolio that can withstand emergencies

接著容我具體說明長期定期定額投資的資產分配。

首先,股票、公司債、不動產的部分請買「ETF」。
購買實體不動產需要投入大量資金,ETF可以少量購買。目前市場上有許多美元計價、日圓計價和歐元計價的ETF。

利用證券公司的信用交易帳戶,就能投資高出自有資金好幾倍的標的,但這個做法風險太高,不建議各位這麼做。向證券公司借錢,從事超出自有資金的投資稱為「資金槓桿」。長期投資不用槓桿也能累積資產。

股票、公司債、不動產的投資標的相當多樣,包括先進國家、發展中國家、美元計價、日圓計價、歐元計價等。其他的投資顧問都會建議投資者將所有資金投入這一塊,但我的建議是投資四到六成即可。

新冠疫情、希臘國債危機、雷曼兄弟事件、亞洲金融危機等,全世界過去發生過各種危機,當時無論是股票、公司債、不動產的資產價值都暴跌。
話說回來,國債與貴金屬價格經常上漲,可以降低整體資產的風險。
順帶一提,國債的部分,我推薦「美國國債」。買日本國債也沒問題,但不是最必要的。此外,還要留一點現金在身上。

不怕危機的投資組合

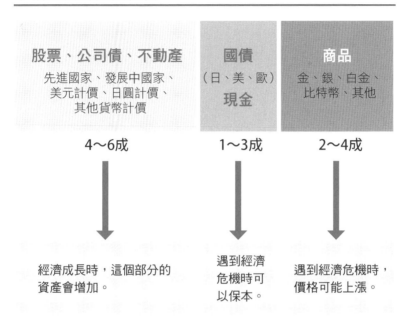

股票、公司債、不動產	國債	商品
先進國家、發展中國家、美元計價、日圓計價、其他貨幣計價	（日、美、歐）現金	金、銀、白金、比特幣、其他
4～6成	1～3成	2～4成

經濟成長時，這個部分的資產會增加。

遇到經濟危機時可以保本。

遇到經濟危機時，價格可能上漲。

　　商品的部分也有很多選擇，我個人推薦貴金屬（金、銀、白金），以及鋅、鉛、鋁等非貴金屬的金屬（卑金屬）、比特幣、原油、天然氣與農業商品等。

　　此外，我將在Chapter5詳細解說商品，在第七十八頁介紹「推薦的商品ETF」。

　　按照我的建議建立投資組合，可以擁有穩定的投報率。

summary

持有國債等安全資產與商品，可以降低經濟危機的風險。

23

資金的一到三成投入
短期投資，追求高報酬

Invest 10-30% into short term strategies for high returns

從薪水扣除稅金、房租、生活費、教育費等支出，剩下來的錢就是投資資金。誠如我在第六十三頁所說，投資金額的七到九成屬於長期定期定額投資，剩下的一到三成則是短期投資。

短期與長期投資的戰略截然不同。

長期投資的利息雖然不高，但優點是長期下來可以發揮複利效果，大幅增加資產。舉例來說，每月存一萬元投資，持續三十年，假設利息為百分之六，就能累積到一千萬（請參照下頁圖表）。

短期投資的特性是可以獲得比長期投資更好的獲利表現。充分發揮各種想法，跟隨市場趨勢，不斷重複交易。年輕時有人教我「比起一次存一百元，分十次存十元比較容易做到」（詳情請參照第九〇頁）。

不過，短期投資與長期投資不同，必須經常了解行情，需要很長的時間才能獲得掌握行情的能力。

話說回來，為什麼短期投資也要放入投資組合裡？這是因為分散（＝多樣化）策略在長期投資中很有效，但經濟危機發生時，所有資產很可能暴跌。

以雷曼兄弟事件為例，當時所有資產都暴跌，短期投資是發生這類經濟危機時為資產保本的武器。

短期投資的秘訣請參考Chpater4的說明。

累積一千萬日圓（十萬美元）必須的每月投資額

每年利息（%）	必要年數					
	5	10	15	20	25	30
3	15萬4700日圓	7萬1600日圓	4萬4100日圓	3萬500日圓	2萬2400日圓	1萬7200日圓
4	15萬800日圓	6萬7900日圓	4萬600日圓	2萬7300日圓	1萬9500日圓	1萬4400日圓
5	14萬7500日圓	6萬4800日圓	3萬7800日圓	2萬4600日圓	1萬7100日圓	1萬2000日圓
6	14萬3900日圓	6萬1500日圓	3萬4900日圓	2萬2100日圓	1萬4800日圓	1萬日圓
7	14萬500日圓	5萬8500日圓	3萬2100日圓	1萬9700日圓	1萬2800日圓	8200日圓
8	13萬7100日圓	5萬5500日圓	2萬9600日圓	1萬7600日圓	1萬1000日圓	6700日圓
9	13萬3800日圓	5萬2700日圓	2萬7300日圓	1萬5700日圓	9500日圓	5500日圓
10	13萬600日圓	5萬日圓	2萬5100日圓	1萬3900日圓	8100日圓	4400日圓
11	12萬7500日圓	4萬7500日圓	2萬3100日圓	1萬2400日圓	6900日圓	3600日圓
12	12萬4500日圓	4萬5100日圓	2萬1200日圓	1萬1000日圓	5900日圓	2900日圓

※假設原數據的匯率為1美元兌100日圓，以此製作圖表。
參照：GRANDTAG FINANCIAL CONSULTANCY STRAITS TIMES GRAPHICS

summary

發生經濟危機時，
短期投資可以彌補長期投資的損失。

24

了解「股價是怎麼決定的」？

Understand what determines the stock price

　　現在的股票市場已經全球化，美國、歐盟、日本等，所有國家地區互相牽動，股票價值的變動也會彼此影響。彼此之間的聯繫，一年比一年深刻。

　　原因在於演算法（電腦自動下單，重複買賣交易）的影響一年比一年強。

　　我曾經問過日本與亞洲各國在避險基金工作的朋友，紐約和英國的影響在過去並沒有那麼大，但最近也會影響亞洲和日本的演算法。

　　看每年發行的避險基金報告，就會發現運用定量戰略（根據數量化分析進行運用）的基金績效名列前茅。使用演算法的基金從二十年前開始就逐年增加。

　　各家金融公司對於演算法設備的投資變多，加大了演算法對於行情的影響。

　　從結果來看，美國、歐盟以及亞洲市場的價格波動趨勢都很相近。

　　過去人類是透過供需平衡決定交易價格，但現在演算法的影響變得非常巨大。

　　想要投入金融世界的讀者，我強烈建議各位要學習編寫電腦程式。我從未學過，但現在我很希望自己以前學過。

未來演算法的影響將愈來愈大，千萬不要忘記這一點。

不過，建議各位在投資時，不要過度在意演算法。市場上常說「行情受到演算法的影響」，但實情並非完全如此。此外，接下來還會有各式各樣的演算法登場，對於市場的影響也瞬息萬變。

如今是由演算法掌控供需

決定價格的基本概念　　　　現在決定價格的方法

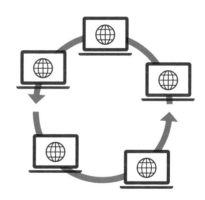

需求　　　　供給

由供需平衡決定　　　　根據演算法的
　　　　　　　　　　　下單決定

summary

**現在是由演算法決定供需，
影響價格。**

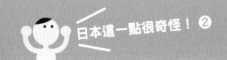

日本的生活水準排全球第二十九名？

GDP的數值顯示一個國家的整體收入，但重點在於掌握人均GDP。我們可以從人均GDP看出該國國民的生活水準。

OECD（經濟合作暨發展組織）每年都會公布各國的人均GDP。根據公布的數據，日本的人均GDP比其他先進國家還低。令我驚訝的是，日本還比不過紐西蘭與韓國。一九八〇年代後期，也就是我在日本成長的年代，日本的人均GDP是全球第二。

話說回來，怎麼做才能讓日本重返榮耀？

重振經濟有許多方法，我想到的方法之一就是讓錢順利流轉，降低做生意的門檻。

世界銀行統整了世界各國「做生意的門檻高低」，根據最新調查，日本排名全球第二十九名。

我認為日本人均GDP下滑，亦即生活水準降低的原因之一，就是在日本做生意（發展事業）太難了。

日本有很強的實力，也有機會，但事業門檻確實很高。

我也是一名創業家，當初回到日本定居時，曾經請教律師「在日本成立公司需要多少時間與費用」，對方告訴我「費用為二十萬日圓，時間大概要一個月到一個半月」，我聽了之後非常驚訝。如果是美國、新加坡或香港，費用只需一到兩萬日圓，幾天就能成立一間公司。不僅如此，日本還要辦理許多程序。我認為如果無法簡化程序，提高效率，日本的人均GDP就不可能提升。

Chapter

3

投資組合

投資組合指的是「金融商品的組合」。假設你有
一百萬日圓,決定將這筆錢「以多少比例」投入
在「那些商品」中,這就是投資組合。本章將為
各位介紹投資組合的重點與具體商品。

25

建議選擇成本較低的上市ETF

I recommend low cost ETFs

大家常說「指數型基金是構成資產最好的標的」，但我並不這麼想。日本的指數型基金是「與日經平均指數、TOPIX（東證股價指數）等具有代表性的股價指數連動的投資信託」。

金融商品基本上是金融機關為了賺錢而創造出來的，成本通常偏高。

因此我推薦的是ETF，幾乎所有投資都購買ETF。

ETF與指數型基金最大的不同，就是在證券交易所上市。在交易期間裡，投資人可以隨時用市價買進與賣出。

此外，大多數ETF的成本比指數型基金低，也是其特點之一。由於每年都要支付ETF的成本，若想成為有錢人，就必須思考如何降低成本。

ETF也有各種類型，為各位介紹其中幾支基本商品。

我根據下一頁刊載的長期投資組合，在各個類別選了幾支ETF推薦給大家。

不過，我也會犯錯，請各位自己做功課，選擇最適合自己的ETF。

此外，我選擇ETF重視的是淨資產總值。淨資產總值愈高，基金規模通常也會愈大，因此可以隨時買賣，令人安心。

長期投資組合

股票、公司債、不動產 先進國家、發展中國家、 美元計價、日圓計價、其他貨幣計價	國債 （日、美、歐） 現金	商品 金、銀、白金、 比特幣、其他
4～6成	1～3成	2～4成

　　許多網站都有介紹ETF，以下為各位介紹公布淨資產總值排行榜的網站，也就是「Trackinsight」。

ETF比較網站「Trackinsight」的淨資產總值排行榜

順位	名稱
1	SPDR S&P 500 ETF-USD（SPDR標普500指數ETF-USD）
2	iShares Core S&P 500 ETF（iShares核心標普500指數ETF）
3	Vanguard Total Stock Market ETF（Vanguard整體股市ETF）
4	Vanguard S&P 500 ETF-USD（Vanguard標普500指數ETF-USD）
5	iShares MSCI EAFE ETF-USD（iShares MSCI歐澳遠東ETF-USD）
6	Vanguard FTSE Developed Markets ETF-USD（Vanguard FTSE成熟市場ETF-USD）
7	Vanguard FTSE Emerging Markets ETF-USD（Vanguard FTSE 新興市場ETF-USD）
8	TOPIX連動型上場投資信託-JPY
9	Invesco QQQ-USD
10	iShares美國核心綜合債券ETF-USD

※2020年8月12日的資料
https://www.trackinsight.com/en/top/largest

summary
建議選擇淨資產總值較大的ETF，
可以隨時買賣，令人安心。

股票所屬的國家與
計價貨幣也要多樣化
Diversify your stock investments by country and FX

容我再次強調，投資最重要的就是「多樣化」。

投資股票時也要選擇多個國家與貨幣。

舉例來說，「VEA（Vanguard FTSE Developed Markets ETF）」是以美元計價，投資先進國家股票的ETF。由先鋒集團（Vanguard Group）發行，特色是成本低。

如果要選另一支美元計價的ETF，「SPY（SPDR S&P 500 ETF）」是不錯的標的。這是追蹤美國最具代表性的股價指數「標普指數」的ETF。

美元計價的發展中國家ETF，建議選擇「VWO（Vanguard FTSE Emerging Markets ETF）」。

日圓計價的ETF以「1306（TOPIX連動型上場投資信託-JPY）」為首選。

我也建議各位持有香港股市的ETF，因為香港與中國股市連動。首選為「2800（Tracker Fund of Hong Kong）」。這是港幣計價的ETF，可以達到計價貨幣多樣化的效果。

至於歐洲的ETF，以歐元計價且淨資產總值較大的「SX5S（Invesco EURO STOXX 50 UCITS ETF）」。

少量分批買進，就能投資美元、港幣、日圓、歐元、先進國家與發展中國家，達到資產多樣化的目標。除了本節推薦的標的之外，還有許多ETF，請各位自行研究選擇。

推薦ETF【股票】

代碼	名稱	投資對象	計價貨幣
VEA	Vanguard FTSE Developed Markets ETF	先進國家股票	美元計價
SPY	SPDR S&P 500 ETF	美國股票	美元計價
VWO	Vanguard FTSE Emerging Markets ETF	發展中國家股票	美元計價
1306	TOPIX連動型上場投資信託	日本股市	日圓計價
2800	Tracker Fund of Hong Kong	香港股市	港幣計價
SX5S	Invesco EURO STOXX 50 UCITS ETF	歐洲股市	歐元計價

ETF在投資組合的區塊

股票、公司債、不動產 先進國家、發展中國家、 美元計價、日圓計價、 其他貨幣計價	國債 （日、美、歐） 現金	商品 金、銀、白金、 比特幣、其他
4～6成	1～3成	2～4成

股票屬於這個區塊

summary　股票組合包括先進國家、發展中國家、日本、香港、歐盟的ETF。

27

公司債就選擇高收益債 ETF

I recommend High Yield Bonds for Corporate Bonds

現階段淨資產總值較大、成本又便宜的ETF是投資美國高收益債券的「HYG（iShares iBoxx $ High Yield Corporate Bond ETF）」。

這支ETF是以追蹤美元計價公司債指數績效為目標，列入債券的信用評等根據二〇二〇年八月的資料，大約百分之五十六為BB，大約百分之三十二為B，大約百分之十為CCC。

與股票一樣，公司債也有許多ETF，請各位自行研究選擇。

推薦ETF【公司債】

代碼	名稱	投資對象	計價貨幣
HYG	iShares iBoxx $ High Yield Corporate Bond ETF（iShares iBoxx高收益公司債券ETF）	高收益債券	美元計價

ETF在投資組合的區塊

股票、公司債、不動產 先進國家、發展中國家、美元計價、 日圓計價、其他貨幣計價	國債 （日、美、歐） 現金	商品 金、銀、白金、 比特幣、其他
4～6成	1～3成	2～4成

公司債屬於這個區塊

summary

高收益債ETF
可以獲得較高投報率。

28

國債要選三個ETF，納入不同期間

Diversify your Bond ETFs by Duration

國債最推薦的是美國公債。原因很簡單，目前全世界的利率都很低，但美國還維持較高的利率。加上投資要重視安全性，因此還是美國公債最保險。

建議各位買進短期國債「TIP（iShares抗通膨債券ETF）」。

「BND（Vanguard Total Bond Market ETF）」是一到二十年期的國債，「TLT（iShares 20+ Year Treasury Bond ETF）」則是二十年以上的長期國債。

上述組合包括了「短期」、「中期」與「長期」的ETF，在期間上也要達到多樣化目標。

此外，建議各位平時就把錢存入連結證券帳戶的銀行戶頭。存在銀行的利息相當低，倒不如事先存在證券帳戶的銀行戶頭，隨時都能拿來投資。

推薦ETF【國債】

代碼	名稱	投資對象	計價貨幣
TIP	iShares抗通膨債券ETF	短期 美國公債	美元計價
BND	Vanguard Total Bond Market ETF （Vanguard總體債券市場ETF）	1～20年期 美國公債	美元計價
TLT	iShares 20+ Year Treasury Bond ETF （iShares 20年期以上美國公債ETF）	20年期以上 美國公債	美元計價

summary　**國債要結合「短期」、「中期」與「長期」的 ETF，在期間上也要達到多樣化目標。**

29

貴金屬、原油、天然氣、農業商品的推薦ETF

Recommended ETFs for Precious Metals, Oil, Natural Gas, Agriculture

在商品部分，以黃金為標的的「GLD（SPDR Gold Shares）」與「IAU（iShares Gold Trust）」是淨資產總值較大的ETF。「IAU」的發行成本比較低。若想投資礦業，也能選擇以投資大型金礦為標的的「GDX（VanEck Vectors Gold Miners ETF）」。

推薦ETF【黃金】

代碼	名稱	投資對象	計價貨幣
GLD	SPDR Gold Shares（SPDR黃金ETF）	黃金	美元計價
IAU	iShares Gold Trust（iShares黃金信託ETF）	黃金	美元計價
GDX	VanEck Vectors Gold Miners ETF（VanEck Vectors黃金礦業ETF）	金礦	美元計價

銀的ETF以「SLV（iShares Silver Trust）」、白金的ETF以「PPLT（Aberdeen Standard Physical Platinum Shares ETF）」、鈀的ETF以「PALL（Aberdeen Standard Physical Palladium Shares ETF）」為首選。比特幣建議買進現貨。雖然可以透過CFD（差價合約／預存保證金買賣資產，以價差結算的交易）購買比特幣期貨，但成本太高，不建議涉入。

其他部分也發行了各種ETF。舉例來說，「DBB（Invesco DB Base Metals Fund）」是投資鋅、鉛、鋁、同等非貴金屬的金屬（卑金屬）ETF。

「USO（United States Oil Fund）」是原油中淨資產總值最大的ETF，天然氣ETF「UNG（United States Natural Gas Fund）」也是不錯的選擇。不過，這些ETF的價格變動率都很高，如果真要投資，請務必少量買進。

若想投資農業商品，個人最推薦「DBA（Invesco DB Agriculture Fund）」。這支ETF包含小麥、玉米、砂糖、大豆等商品。

如果以上每一支ETF都買進，你的投資就會變得十分多樣化，持有商品相當豐富。更棒的是，上述都是淨資產總值較大的ETF，基本上可以隨時買賣。話說回來，我幾乎沒有投資個股，我推薦的也不一定正確，想投個股的人請務必自行判斷。

推薦ETF【其他商品】

代碼	名稱	投資對象	計價貨幣
SLV	iShares Silver Trust（iShares白銀信託ETF）	銀	美元計價
PPLT	Aberdeen Standard Physical Platinum Shares ETF（Aberdeen Standard實體白金ETF）	白金	美元計價
PALL	Aberdeen Standard Physical Palladium Shares ETF（Aberdeen Standard實體鈀價ETF）	鈀	美元計價
DBB	Invesco DB Base Metals Fund（Invesco德銀基本金屬ETF）	卑金屬	美元計價
USO	United States Oil Fund（美國石油ETF）	原油	美元計價
UNG	United States Natural Gas Fund（United States天然氣ETF）	天然氣	美元計價
DBA	Invesco DB Agriculture Fund（Invesco德銀農業ETF）	農業商品	美元計價

summary 除了金、銀、白金之外，
卑金屬和農業商品也要納入商品組合。

30

不要被「高配息股」騙了

Don't be lured into only High Dividend Investments

持有高配息股票，時間到了就能拿到股利或股息，若將入袋的股息再拿去投資，就能增加財富，自然而然成為有錢人。您想不想要這樣的「印鈔機」呢？——有些證券營業員或分析師會以這個方式推銷高配息股。股利、股息與高殖利率……每一項都是日本人最愛的投資標的，可能有些人早已躍躍欲試。

但，這個說法是錯的。

我在華爾街工作好幾年，根據我的經驗，印鈔機的想法是不可行的。

其實，國外也有許多打著「買高配息股可以提高投資績效」的宣傳話術，販售金融商品的金融機關。

他們推銷時都會拿圖表給客戶看，其中之一就是美國最具代表性的股價指數S&P500（標普500）曲線圖（請參照右頁上圖）。

這張圖表有兩條線，一條是將每年入袋的股息全部拿去投資的績效表現；另一條則是不將股息拿去投資的績效表現。

許多人看到這張圖表就認為把股利再拿去投資比較有利，買進高配息股可以賺更多錢，於是堅持要買高配息股。

由於相信這個話術的投資人相當多，因此金融機關推出許多高配息商品與ETF。如果你也有興趣，有些商品可以獲得三成左右的配息率（請參照右頁下圖）。

從S&P500的圖表即可得知，將股息全部拿去投資可提升績效，但投資高配息股還是有些地方需要特別注意。我將從下一節仔細說明原因。

S&P500走勢

S&P 500
Total Return with Dividends and Price Index

再投資股息時

如果您沒有將股息再投資

—— Dividends Reinvested
—— S&P 500 Price Index

Monthly data as of August 8, 2013 covering January 1988 to July 2013, source: S&P Dow Jones Indices.
Past Performance is not a guarantee of future results. It is not possible to invest in an index.

高配息ETF

有些ETF的配息率超過30%！

代碼	名稱	配息率
REML	Credit Suisse X-Links月配兩倍槓桿抵押貸款不動產投資信託ETN	31.34%
PIN	Invesco印度ETF	30.38%
USOI	Credit Suisse X-Links原油掩護性買權ETN	25.80%
HEWY	iShares MSCI南韓匯率避險ETF	25.64%
PREF	Principal Spectrum優先股主動型ETF	21.84%

※2020年7月24日的資料
出處：ETFdb.com/Top 100 Highest Dividend Yield ETFs

summary

將股息再拿去投資，長期投資績效較好，但投資高配息股必須特別小心。

31

提高報酬的「資產輪替」 究竟是什麼？
Increase your returns with Asset Rotation

　　我在前一節說明了股息再投資可以提高績效，事實上還有其他方法也能獲得高報酬。那就是「資產輪替」。首先，請各位看一下二〇〇五到二〇一五年的圖表（請參照下圖）。選這段期間是因為二〇〇八年發生雷曼兄弟事件，容易比較「發生嚴重經濟危機時，金融市場如何表現」。

　　這兩條線顯示結合「股票與黃金」的投資組合績效，其中一條線是股票三分之二、黃金三分之一的投資組合。有些國際基金的投資組合，三分之二是股票，三分之一是安全商品。這條線採用的就是接近國際基金的投資組合。另一條線是「資產輪替策略」。假設上個月黃金的表現比股票好，下個月就增加黃金的持有量。每個月重複這個方式，調整投資組合，就是資產輪替策略的重點。

股票與黃金的投資組合

出處：Seeking Alpha

假設買進S&P500所有成分股並持有十年，包括配息在內的年均複合成長率（CAGR）為百分之八點四五。此時資產波動性（volatility）為百分之十九點五七；顯示股價從最高點滑落的最大交易回落（Draw Down），雷曼兄弟事件時為百分之五十五點四四。

不過，如果搭配資產輪替策略，結果大不相同。假設在投資組合中輪流納入SPY（美國股票）、EFA（歐洲股票加上一些發展中國家）、GDR（黃金），可以大幅提升投資績效。

而且資產波動性並未改變，最大交易回落為百分之四十六點二四，比之前有所改善。由此可見，與其投資S&P500，採用資產輪替策略的績效更好。

資產輪替策略

		年均複合成長率（CAGR）	夏普比率	資產波動性（volatility）	最大交易回落（Draw Down）
1	持有追蹤S&P500的ETF	8.45%	0.51	19.57%	55.44%
2	夏普比率表現優越的3種ETF（SPY、EFA、GLD）資產輪替	15.8%	0.86	19.24%	46.24%
3	iShares 1-3年期美國公債ETF（SHY）的資產輪替	18.24%	1.07	17.09%	24.87%
4	iShares 20年期以上美國公債ETF（TLT）的資產輪替	20.94%	1.16	17.75%	24.44%

參照：Seeking Alpha

summary

**善用資產輪替策略，
就能提升報酬率，降低風險。**

32

「夏普比率」幫助你了解投資績效的優劣

Sharpe Ratio is key to understanding good investing strategies

為了進一步說明投資高配息股票必須小心謹慎的原因，先為各位介紹夏普比率（Sharpe Ratio），這是投資新手一定要知道的指標。

夏普比率的數值愈高，即代表可以獲得超越風險的投報率。換句話說，只要看夏普比率，就知道「能不能有效獲得高投報率」。

夏普比率的算式如下所示：

夏普比率的算式

$$夏普比率 = \frac{投資組合的收益率 - 安全資產的收益率}{標準差}$$

假設有一名投資者將所有財產拿去買一支股票，此時資產波動性會非常大。雷曼兄弟事件發生的時候，有些股票的價格甚至下滑六到八成。當整體股票市場下跌五成，個別股票很可能超跌，跌幅比指數還深，資產波動性就會變大。換句話說，標準差會變高。

另一名投資者將所有資金買了十項商品，打造多樣化資產。其中包括五支股票、兩種國債等安全商品，還有三種貴金屬。

請教各位，假設兩名投資者的投資績效都一樣，你會選哪一個？

答案很明顯，當然是第二個。資產波動性不高，代表壓力較低。既然投資績效一樣，當然要選壓力低的。

重點在這裡。

投資不能只看績效就決定「某個方法是最好的」。

假設有個人選了一支股票，砸下所有資金集中投資，最後獲得莫大回報，這對當事者而言是最好的策略。

不過，華爾街與全球投資機構並非如此運作的。所有人都會檢視資產波動性與夏普比率。

哪一種操作比較好？

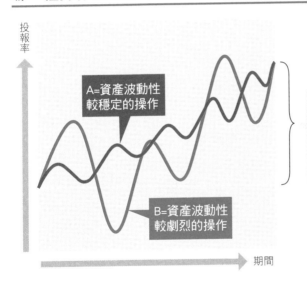

投報率

A=資產波動性較穩定的操作

B=資產波動性較劇烈的操作

如果投報率是一樣的，當然要選資產波動性較穩定的操作方式才能放心。

期間

不只追求高投報率，選擇夏普比率較高的標的才是出色的投資。

33

優秀投資家的證明就是「低標準差」

Low variance is a sign of experienced investing

當我還在避險基金工作，與客戶面談時，對方第一句話就問我「你的夏普比率數值是多少」。

一般的評斷標準是，1為及格分數；2是良好；3是罕見地好。不過，要達到3的難度相當高。夏普比率算式（請參照上一節）的分母為標準差，標準差必須非常低，才會有夏普比率為3的結果，因此難度很高。

低標準差意味著「投資績效均一，沒有參差不齊的狀況」。為了達到這一點，必須沒有任何一個月的操作績效為負值，連續創造正值才行。

標準差會大幅影響操作績效。

耶魯大學管理學院（Yale School of Management）的報告刊登了一張重要圖表，稱為「買入持有策略」（Buy and Hold）。簡單來說，就是比較買進股票後長期持有的投資績效，與短期投資的績效。

一九九〇年代以後，有一段時間美國股票飆漲，短期投資與交易績效呈現出超強表現。「買入持有策略」圖表中，有一條線是長期持有一百一十二支指數型基金的績效表現，但成效遠遠比不上短期投資。

為什麼會有這個結果？那是因為短期投資的夏普比率較高，也就是標準差較低。

想增加財富，不能光靠好的投資績效。資產波動性愈高，壓力就會愈大，如果確定自己的財產有八成的機率虧損，試問誰會做這樣的投資？

耶魯大學管理學院的報告

Figure I: Day Trading versus Buy-and-Hold Strategy
Average Across 112 Foreign Stock Funds

出處：Yale School of Management Yale University

　　最好的投資狀況是「績效高，沒有負值」，亦即標準差較低。

　　為了達成這一點，絕對不能只買高配息股，將高配息股當成「印鈔機」。

　　「股息入袋」的想法是一種心理陷阱，當你謹守著股息，遇到雷曼兄弟事件或新冠疫情爆發這類經濟危機時，投資資產就會大幅減少。美國的股票市場在新冠疫情爆發時，一個月內暴跌大約百分之三十五；雷曼兄弟事件發生時，也在一年半之間暴跌百分之五十五。由於這個緣故，即使你拿到股息，也無法在中長期增加財富。各位一定要小心，避免落入心理陷阱。

summary 　**股價暴跌時，
拿到股息也填補不了損失。**

薪水沒加，稅金卻年年高升

日本政府的赤字率（債務佔GDP的比例）高居世界第一。由於債務一定要還，因此需要稅金填補。

日本的消費稅從一九八九年的百分之三，漲到現在的百分之十。另一方面，過去二十五年（一九九五～二○二○年）的名義工資幾乎沒漲。也就是說，收入絲毫沒變，消費稅的支出卻愈來愈高。

我認為原因之一是政府的債務。中央銀行掌握政府的大多數債務，目前發行的日本國債超過五成都在日銀手裡。

與其他國家相較，日本的持有比例非常高，但我不認為日本財政會因為債務過多而破產。不過，如果現在的狀況持續下去，你認為誰要負起這個重擔？當然就是日本國民。日本國民必須負擔更高的稅金。

這個結果會減少消費，想要活化經濟，消費是必要條件。我認為政府應該調整債務，專業術語是債務重組（debt restructuring）。具體來說，就是延長政府向日銀借款的還款期限，亦即延長國債期限。三到十倍也可以。如果購買日本國債的是外國或企業，這個方法可能很困難。但日本國債大多是日銀買的，我認為是可行的。

若將現在金融市場交易的日本國債期限變更為五十年、一百年，進行債務重組，就能減輕國民的稅務壓力。更棒的是，減輕了國民的稅務壓力，就能增加消費意願，促進金錢流通。

短期投資

我將在這一章介紹我在華爾街工作的時候學到的「技術線圖分析方法」。這一章的內容可能聽起來有些艱深，但這些都是投資新手必須知道的基礎知識，也是成為有錢人的必備「知識」，請務必趁這個機會好好學習。

順著市場行情走！
技術線圖的目的
The basics of Chart Analysis means Ride the Trend!

　　短期投資的重點就是順著市場行情走。現在走上升趨勢就「買」，走下降趨勢就「賣」，在投資的世界裡，這樣的做法稱為「順向操作」。

　　相反地，當市場走下降趨勢，股價「變便宜」就買也是一種操作方法，稱為「逆向操作」。

　　我已經做過幾百次「逆向操作」，我認為順著市場行情的「順向操作」，風險報酬（虧損與獲利的比例）較高。

新手適合「順向操作」勝過「逆向操作」

順向操作＝順著市場行情　　逆向操作＝逆著市場行情

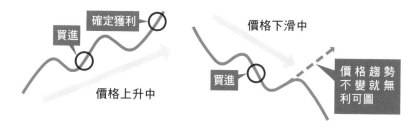

　　另一個法則是「與其搭上一次大波段，不如順著十次小波段操作，較容易獲利」的想法。

　　假設想從單次投資賺一萬日圓，這次投資的行情趨勢必須漲一萬日圓以上。若從簡單計算的觀點來看，投資十次賺一萬日圓，每次投資只要獲利一千日圓即可。

從利益率來考量也是一樣的。若想在一次的投資中賺到百分之百的投報率，股價必須漲兩倍。根本沒有這樣的機會，就算有也要花許多時間。

不妨改個做法，透過十次的投資賺到百分之百的投報率，每次股價只要上漲一成即可。股價上漲一成的機率，絕對比翻倍還要高。簡單來說，賺十次百分之十的投報率較容易成功。

從安全性來看，投資次數較多，成果較為穩健。即使在十次投資中發生一次大虧損，只要其他九次獲利，就能填補虧損。

與其一次賺一百萬，不如賺十次十萬

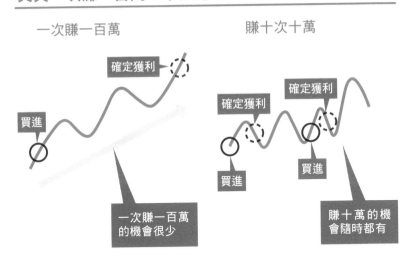

一次賺一百萬　　　　　　　賺十次十萬

確定獲利

買進

一次賺一百萬的機會很少

確定獲利

確定獲利

買進

買進

賺十萬的機會隨時都有

summary　　與其一次賺一百萬，
不如賺十次十萬，成功機率比較高。

35

與華倫・巴菲特做對的
短期戰略

A short term strategy which was opposite of Warren Buffett

提到短期投資，可能很多人都以為要「隨時盯著電腦螢幕當沖」，事實上並非如此。

我說的短期投資，指的是「持倉時間為數天到數月，非長期（一年以上）持有」。

通常持倉時間愈短，遭受風險的時間也會愈短，我的策略就是利用這一點順向操作。

我以美國航空公司ETF「JETS」為各位說明。

二〇二〇年五月，新冠疫情擴大改變了世界，新聞報導指出華倫・巴菲特（Warren Buffett）清空手中持有的航空股。

當時我逆向操作，買了美國航空股JETS，許多網友都在YouTube頻道留言給我。

為什麼我敢買？那是因為我研究技術線圖之後，認為「短期會上漲」。最後我也得償所願，大賺一筆。

我很少投資個股，理由是一、股價會受到破產風險的新聞報導影響產生變動；二、大型券商或投資公司大賣持股時，可能會導致股價激烈震盪。簡單來說，很難掌握個股趨勢。

基於上述原因，基本上我都買ETF。投資ETF也能創造亮眼的投資績效。

看K線圖時，我會注意每根K棒的大小。舉例來說，個股跌價時，會出現大的黑K棒，如果黑K棒呈現階梯狀往下要十分注意，代表個股走勢不樂觀。

相反地，紅K棒呈現階梯狀往上，代表賺錢的機會到來。移動平均線（從一定期間的價格計算出平均值，以折線圖表示）以二十五天為一週期，日K棒以大約一個月的營業天數二十五天表示，代表「大約一個月的平均股價表現」。

若純粹從戰略來看，當K棒跌破移動平均線之下，代表短期內相當弱勢。相反地，如果K棒突破移動平均線之上，代表趨勢開始往上走。

JETS的K線圖（2020年2月中旬～5月／日K）

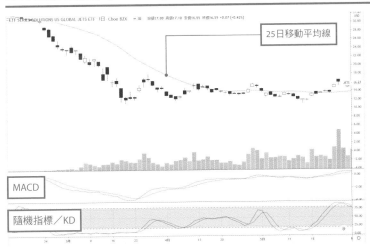

出處：Trading View https://jp.tradingview.com/

36

從成交量擬定買賣戰略

Checking the volume helps to determine when to Buy or Sell

　　繼移動平均線之後，接著要研究的是「成交量」。成交量是重要指標，JETS特別重視成交量。新聞報導華倫‧巴菲特清空持股是在五月份的時候，但實際賣出是在一到三月，只是五月才見報。

　　我特別注意技術線圖中的成交量，股價下跌的日子，成交量並不多，因此賣出力道不強。相反地，股價上漲的日子，成交量是股價下跌日的好幾倍，讓我更有信心。五月二十七日的成交量特別大，直逼一兩個月的平均成交量，從這個成交量可以推估「想買的人很多」。

　　從結果來看，股價在那之後一路上漲。

　　有鑑於此，各位看完K棒之後，請務必檢視成交量。

　　接著是「MACD（平滑異同移動平均線）」。兩條線交叉時，價格趨勢會改變。這是最簡單的看法，設定原理請參照第九十八頁。

　　最後是「隨機指標」（詳情請參照第一〇二頁）。使用方法很接近MACD，兩條線交叉時，價格趨勢會改變。此外，當兩條線的位置在底色區之上，代表市場過熱；在底色區之下，代表市場過冷。

　　我實際購買的時間點是四月與五月，當時MACD呈現上升趨勢，成交量也顯示上漲的可能性。不僅如此，隨機指標也往上走。綜合考量之後，我認為這是很好的進場機會。

　　如果只想短期投資，此處介紹的技術指標不一定要全部用上。

看其中之一就能掌握趨勢，最好可以同時運用兩三個。

　　最簡單的方式就是參考前述的「移動平均線」。從技術線圖可以得知，股價在二十五日移動平均線之上，代表上升趨勢；股價在二十五日移動平均線之下，代表下降趨勢。同時參考成交量，這是最適合投資新手的策略。等熟悉之後，再搭配參考MACD與隨機指標。

　　投資標的無論是個股、ETF、債券、商品都可以使用我介紹的方法，從技術線圖掌握趨勢，進行短期投資。

　　一開始先少量嘗試，有了信心之後再慢慢增加比例。

JETS技術線圖（2020年3月下旬～5月／日K）

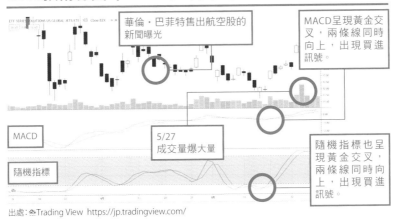

華倫・巴菲特售出航空股的新聞曝光

MACD呈現黃金交叉，兩條線同時向上，出現買進訊號。

MACD

5/27 成交量爆大量

隨機指標也呈現黃金交叉，兩條線同時向上，出現買進訊號。

隨機指標

出處：Trading View https://jp.tradingview.com/

summary

**價格上漲時，若成交量爆大量，
代表想買的人很多。**

37

投資高手不可缺少 技術線圖

To master investing, Charts are necessary

需要什麼條件才能熟稔投資方法？

關鍵就是「學習分析技術線圖的基礎知識」。技術線圖分析也是我非常重要的投資步驟。

技術線圖是將過去數據製成圖表的參考資料，技術線圖分析相當於數據分析。

重點不是只看數據，而是要在腦中思考，解讀數據。就像藝術一樣，要學習自己獨有的判斷方法。

如果你是投資新手，請記住「基本的技術線型」。解讀技術線型的方法有很多，我最常用的是「MACD」、「隨機指標」、「布林通道指標」三種。

分析經濟數據時，上述指標是最常用的工具，最適合分析股票、FX（外匯）、債券、商品的價格波動。金融世界的工具也能運用在經濟世界。

有效學習基本技術線型的方法，就是閱讀相關書籍。

儘管我幾乎沒有受過日本教育，但二十多歲的時候讀了許多分析技術線型的書。我將重點筆記下來，靠專業書籍學習（當時我將重點記在筆記本上，現在可以使用電腦記錄重點）。

話說回來，什麼是技術線型？

容我簡單地舉例說明。

以「雙重頂」（M頭圖形）為例，雙重頂是有兩個高點（頭部）的圖形，代表價格的頂部（天花板）可能已經出現。下圖是日經平均指數的的日K圖，「日K」的每一根K棒代表一天的價格變動，圖表左邊出現了雙重頂。各位可以在線型分析的書籍中，學習分析方法。

我個人覺得最實用的工具是MACD。大多數線圖工具都有MACD，可用來分析各種投資標的。

順帶一提，我使用的工具之一是免費版「TradingView」，無論是否付費，都不影響MACD線型的呈現。

技術線型範例　雙重頂

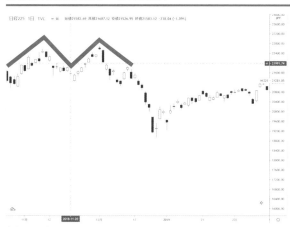

出處：☁Trading View https://jp.tradingview.com/

summary
閱讀線型分析相關書籍，
記住基本的技術線型。

38

從「MACD」看出上升與下降的轉折點

Determine a uptrend or downtrend by using MACD

誠如我在上一節所說，MACD、隨機指標、布林通道指標是我經常使用的指標工具。

使用時只要選擇「Parameter」就能調整參數。

MACD是應用移動平均線的技術分析工具，不過，與一般的移動平均線不同。一般的移動平均線是簡單平均一定期間的價格，稱為「簡單移動平均線（SMA）」。

MACD使用的移動平均線是重視最近價格的「平滑移動平均線（EMA）」，由於它注重的是最近價格，因此可以快速反映現在的價格變動，這是平滑移動平均線的特性。

MACD的參數包括Fast length、Slow length、Source、Signal Smoothing等，基本上無論使用哪一種分析工具都是一樣的。

由於現在的價格變動速度較快，我設定的參數如下：

〈現在的 MACD 設定〉
Fast length ＝ 8
Slow Length ＝ 18
Source ＝ close
Signal Smoothing=6

不過，世界上一般使用的設定如下：

〈 **全世界最常使用的MACD設定** 〉

Fast length ＝ 12
Slow Length ＝ 26
Source ＝ close
Signal Smoothing=9

MACD Parameter設定範例

出處：Trading View https://jp.tradingview.com/

Fast length是快線（或短期線）的移動平均線；Slow length是
慢線（或長期線）的移動平均線。

我在觀察市場時，經常使用MACD，但會配合變動的速度調整
數值。而且我會以全世界使用的設定為基準，各項參數都使用相同

比率。12、26、9皆乘上67%左右，設成8、18、6。

在技術線圖中顯示MACD時，會在原本圖表的下方另外開一個框，顯示兩條線。我十分重視這兩條線的交叉狀況。

請各位參照實際的線圖（下一頁）。

1的部分是MACD訊號由上往下跌（死亡交叉）。
除了死亡交叉之外，若兩條線往下走，代表價格從上漲轉變為下跌的訊號。實際對照價格變動，就會發現價格確實從上升轉為下降趨勢。

另一方面，2的部分是MACD訊號由下往上升（黃金交叉）。
此時兩條線往上走，代表價格從下跌轉變為上漲的訊號。實際對照線圖就會發現價格從下降轉為上升趨勢。

MACD還有許多其他用法，觀察兩條線交叉狀況是最簡單的一種。

MACD的看法

出處：Trading View https://jp.tradingview.com/

summary
兩條移動平均線交叉，
就會改變價格走勢。

39

從「隨機指標」
掌握行情方向

Understand the market direction using Stochastics

隨機指標與MACD一樣，都是「從兩條線交叉掌握價格變動的方向」。

設定參數包括K、D、Smooth，最常見的設定如下：

〈一般設定　（價格變動劇烈時）〉

K = 14

D = 3

Smooth = 3

我現在不會變更設定，直接使用。隨機指標與MACD很像，特性是波動速度很快，因此在正常狀態下會做以下設定：

〈我常用的設定〉

K = 28

D = 6

Smooth = 6

隨機指標的設定方法（紐約道瓊日K）

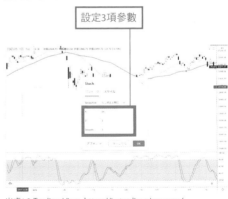

設定3項參數

出處：Trading View https://jp.tradingview.com/

受到新冠疫情影響，近期波動性較高，因此我改用數值較低的一般設定。

隨機指標以%K和%D兩條線表示，%K由下往上突破%D時，稱為黃金交叉；相反狀況則為死亡交叉。

黃金交叉是行情向上的訊號，死亡交叉是行情向下的訊號。不過，如果黃金交叉後，兩條線仍沒有往上走，即代表走勢較弱。另一方面，若出現死亡交叉，只要兩條線沒有往下走，即代表下降趨勢還不強。

隨機指標的現在設定與一般設定（紐約道瓊日K）

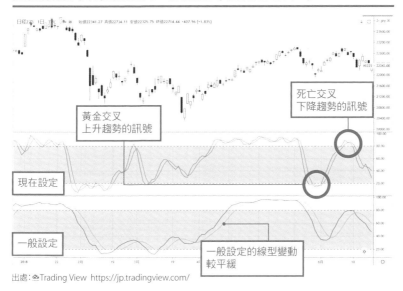

出處：Trading View https://jp.tradingview.com/

summary

從兩條線交叉時的線型趨勢掌握價格變動的強弱。

「布林通道」的重點在於當價格突破布林帶時

Bollinger Bands are important when the price breaks the Band

布林通道是由中線、上線與下線組成，中線是移動平均線，上下線是標準差。當波動性（變動率）高漲，上下帶寬就會變大；波動性變低時，帶寬就會變窄。

何謂布林通道？（紐約道瓊日K）

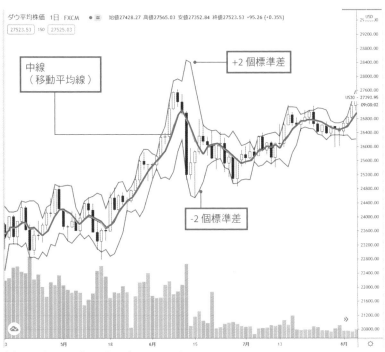

出處：Trading View https://jp.tradingview.com/

我使用的參數設定如下，期間較短。

〈我的設定〉
　　Parameter=20

　　如左頁線圖所示，布林通道是由中線（移動平均線）與通道所組成。左頁的上下線只標示±2個標準差，其實也有±1個標準差或±3個標準差，我在分析時只顯示±2個標準差。

　　布林通道是基於統計學計算出來的指標，價格變動位在通道內的機率如下所示：

〈價格位在通道內的機率〉
　　‧±1 個標準差範圍內的機率　約 68.3%
　　‧±2 個標準差範圍內的機率　約 95.4%
　　‧±3 個標準差範圍內的機率　約 99.7%

　　由此可知，價格突破通道的機率非常低。舉例來說，突破±2個標準差的機率只有4.6%。

summary

**平均移動線突破通道後，
回到通道內的機率相當高。**

41

從「RSI」判定市場 「過熱」或「過冷」

RSI shows whether the price is historically overvalued or undervalued

「RSI」是「從過去歷史掌握目前價格過熱或過冷」的指標，華爾街金融界人士一般使用的參數設定如下所示：

〈一般設定〉

　　期間 =14

　　高值 =70

　　低值 =30

根據我的經驗，使用RSI有其風險，必須特別小心。舉例來說，當RSI低於30代表超賣，此時進場，價格很可能再破底。若是如此，就很難預估底部在哪裡。

我使用RSI，通常是參照長期的歷史數據如何變動。像是只要過去五年內，RSI從未低於20，現在出現低於20的狀況我就會買進。

RSI的使用方法（紐約道瓊日K）

顯示長期RSI
找出上限與下限

出處：☁Trading View https://jp.tradingview.com/

summary
RSI可以參照過去的平均值，
找出買點與賣點。

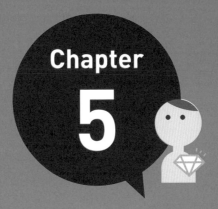

Chapter 5

商品

（貴金屬、比特幣、原油）

全世界的有錢人不只買股票，也會分散投資不動
產（Chapter6）、貴金屬，有些時候還會跨足比特
幣與原油。本章特別鎖定這些其他投資書很少提
及的相關商品，為各位仔細介紹。

42

未來三十年黃金
是最有潛力的資產

Gold is one of the most important investments for next 30 years

在貴金屬之中，黃金是「未來三十年最有潛力的資產」，無論是年輕人或老年人，無論是任何國家的國民，都應該持有黃金。

話說回來，各位在學校時，老師應該沒有教過黃金的價值究竟有多高？我受美國教育，在學校也沒學過。原因很簡單，各國政府都沒有積極鼓勵民眾購買黃金。

自古以來，黃金在全世界都被視為珍貴寶物。黃金的歷史可以回溯至五千年前左右的古埃及時代，全世界的各種宗教都使用黃金，日本也是如此，中國使用黃金的歷史更是悠久。

黃金的歷史

約5000年前　　　　　　　　　　　　　　　　　　　　現代

古埃及時代

人類自古就使用黃金，最大原因是黃金無法以人工方式製造出來。容易偽造的物品很難發揮黃金的功能，加上黃金供給量有限，十分稀少珍貴，在古代可以放心使用。

人類使用黃金與文化差異無關，在埃及與歐洲交流之前，羅馬帝國已經存在，雙方在當時毫無關係，卻都有使用黃金的習慣。或許這就是黃金的魅力所在，任何人都能看出黃金的價值。

這一點直到今日都沒改變。目前全球的關鍵貨幣是美元，但國際標準化組織（ISO）核可黃金、白銀與白金也可作為全球通用貨幣使用。

全球的中央銀行，尤其是先進國家的中央銀行都有黃金儲備。黃金就是錢，每次有人問我「黃金到底是什麼？」，我都會回答「是錢」，這也是最貼切的答案。

自古以來，許多人都擁有黃金資產。

一九○○年代，美國民眾的個人投資組合平均都有超過百分之五的黃金。不過，現在只剩百分之一到五。多數個人投資者只持有少數黃金。儘管如此，美國個人投資者的黃金持有率還算高，美國之外的其他國家，尤其是日本投資者，手上幾乎都沒有黃金。

重點在於，為什麼要投資黃金？我將從下一節仔細解說。

美國人的投資組合

1900年代

黃金 5%以上

儲蓄、債券、股票等

現在

黃金 1～5%

儲蓄、債券、股票等

summary

人類大約從五千年前就知道黃金十分稀少珍貴，未來的資產價值也不會改變。

43

黃金可以在通貨膨脹時
保住你的資產
Gold is insurance against inflation

日本環境相當特殊，物價在過去三十年幾乎沒漲。

我現在三十五歲，十歲以前的日子大多在日本度過。

我還記得小時候住在日本，去便利超商買零食。我最喜歡吃日本的軟糖，現在的軟糖售價和我小時候一樣，礦泉水的價格也幾乎沒變。

正因如此，在日本生活的人早就忘了物價是會上漲的。相信他們從未想過「要是消費者物價指數上揚，會引發什麼後果？」。各位請參照下圖，仔細研究就會發現日本在一九七○年以後，短短不到十五年，物價就飆升將近三倍。

物價也曾有過飆升的歷史

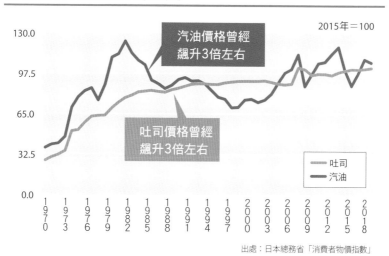

出處：日本總務省「消費者物價指數」

綜觀歷史，消費者物價指數遲早會上揚。物價飆漲的時候，黃金最能保值，可以讓人安心。原因很簡單，物價上漲，黃金價格也會上漲。

金融危機不只會使股市暴跌，債券、不動產、商品價格也會全部受到影響。在此情況下，實物資產黃金依舊可以保值，下跌幅度不會像其他資產那麼嚴重。有鑑於此，黃金是最保險的資產。

大多數先進國家的中央銀行購買國債（國家債務，亦稱為公債），其中，日本銀行持有超過五成日本的累計債務，已經快要接近極限。如果沒人買國債，國債價格就會有崩跌的風險。為了避免這種情形，各位最好要持有黃金。

雷曼兄弟事件時黃金價格的變動狀況（2006～2012年／月K）

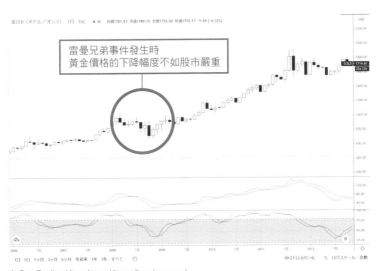

出處：Trading View https://jp.tradingview.com/

summary
即使發生金融危機，例如雷曼兄弟事件，
黃金價格也不容易崩跌。

44

金價為何會波動？

Understand what determines gold price movement

　　研究黃金價格時一定要參照「美元」走勢。原因很簡單，因為美元是全球最大的關鍵貨幣。

　　美元、歐元、日圓……所有貨幣都是由該國政府與中央銀行印製的，紙幣的歷史前後只有一百年左右。在紙幣問世之前，各國是以黃金、白銀當成錢使用，後來才有紙幣。如今規模最大的關鍵貨幣是美元。

　　當美元大量供應，黃金價格就會上漲。第二次世界大戰之後，美元成為全球關鍵貨幣，從此之後，美元供應與金價就出現長期連動的趨勢。

　　美國中央銀行FRB（美國聯邦儲備銀行）是供應美元的機構。

　　也就是說，FRB的紙幣印刷量是決定黃金價格的關鍵，亦即金價取決於FRB印製多少美鈔（貨幣供給量）。

　　儘管從各種數據可以得知全世界中央銀行的借款愈來愈多，但最重要的還是美國貨幣供給量與金價之間的關係。

　　下頁圖表顯示金價與美元供給量，分子是金價、分母是美元供給量。

　　從圖表可知，相對於美元供給量，金價處於歷史上的極低點。

　　稍微知道黃金市場的人可能會反駁：「哪有？金價上漲了好多！」

金價與美元供給量的關係（1968～2019年）

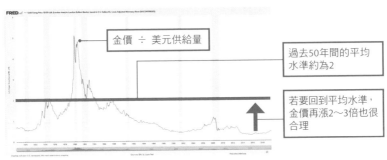

出處：FRED Economic data

金價變化（2000～2020年7月／美元計價）

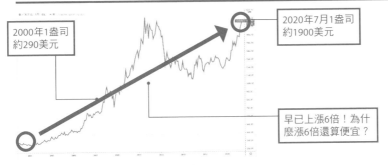

出處：Trading View https://jp.tradingview.com/

　　不可否認的，二〇〇〇年一盎司黃金約為二九〇美元，到了二〇二〇年七月，一盎司黃金已來到一九〇〇美元之譜。

　　儘管如此，我還是認為「黃金很便宜」，原因在於FRB供給的貨幣量太過龐大。貨幣供給量比金價上漲程度超過數十倍，從這個比例來看，「金價真的很便宜」。

summary

**檢視美元供給量
就能預測黃金價格。**

45

金價漲兩到三倍
也合理的原因

Why gold price could double or triple

　　從金價變化來看，一九八〇年代的金價很貴，起因於嚴重的通貨膨脹。由於黃金是實物資產，物價上漲，金價也會跟著上漲。

　　金價上漲前，FRB發行了大量貨幣，結果導致通貨膨脹，金價飆升。

　　觀察前頁上圖〈金價與美元供給量的關係〉，可知過去大約五十年間，金價與美元供給量的比例約為一比二，也就是平均大約兩倍。

　　從這一點來看，美元供給量增加，金價就會上漲。

1980年代的金價

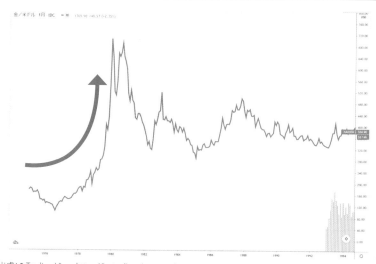

出處：Trading View https://jp.tradingview.com/

最近金價確實上漲，但美元供給的增加量遠超過金價上漲幅度，金價未來很可能會上漲到與美元供給量一比二的水準。具體而言，我認為「從現在的水準再漲兩三倍也很合理」。

話說回來，若真的要投資黃金，應該買什麼呢？我衷心建議大家購買實物現貨（金幣或金條），買入後放在保險箱等安全的地方。若覺得放在家裡不安全，可以向銀行租借保管箱。

建議購買黃金現貨

買黃金現貨，放在保險箱裡最安心。

summary

黃金價格可能會比現在漲2～3倍，
大約每盎司5000美元。

如果買賣黃金現貨 太困難，就從ETF下手吧！

If difficult to buy physical gold, buy ETF Gold

我在前一節建議各位「購買黃金的實物現貨」，不過，購買現貨必須準備一筆錢，還要支付保管費用。若要輕鬆購買黃金，不妨捨棄現貨，「金融商品」是最好的選擇。

最推薦的金融商品是ETF。市面上有許多黃金ETF，建議選擇成交量大、淨資產總值高的ETF。如果成交量小，價格就會受到部分投資者的影響，不可忽略這個風險。

成交量大的ETF有「IAU（iShares黃金信託ETF）」、「GLD（SPDR黃金ETF）」這些都是在美國的紐約證交所上市，可透過日本與台灣的證券公司購買。

另一支ETF則是「GDX（VanEck Vectors黃金礦業ETF）」，投資標的是礦業公司。

其他還有「GDXJ（VanEck Vectors小型黃金礦業ETF）」，J是Junior之意，投資的是規模比GDX小的貴金屬公司。比較「GDX」與「GDXJ」的圖表，「GDXJ」還沒起漲，極具吸引力。但價格波動較大，風險較高。

若不希望投資價格波動較大的標的，建議選擇「IAU」或「GLD」。不過，從圖表來看，目前價格已經達到二〇一二年的最高值，漲到接近黃金現貨的程度。

另一方面，「GDX」與「GDXJ」還未達到二〇一二年的最高值，風險承受度較高的人不妨少量買進。

投資黃金依舊要秉持「商品多樣化」的基本原則，分成「實物現貨」、「IAU或GLD」、「GDX或GDXJ」三部分，各自少量買進。買進後長期持有，耐心等待。

無須頻繁檢視價格，每個月看一次行情即可。

推薦的黃金ETF

代碼	名稱	內扣費用
IAU	iShares Gold Trust（黃金信託ETF）	0.25%
GLD	SPDR Gold Shares（黃金ETF）	0.40%
GDX	VanEck Vectors Gold Miners ETF（黃金礦業ETF）	0.52%
GDXJ	VanEck Vectors Junior Gold Miners ETF（小型黃金礦業ETF）	0.53%

出處：樂天證券　2020年7月6日資料

二〇二〇年七月上旬的金價約為一盎司一九〇〇美元，我推估價格將會上漲至五千美元左右。

不過，我無法預測何時會達到這個價格，可能五年，可能三十年，以目前價格來看，大約會漲兩三倍。

無論如何，黃金是極具魅力的資產之一。不管是投資新手或老手，建議各位一定要持有。

summary　黃金ETF應多樣化選擇「成交量大」與「淨資產總值高」的標的，長期持有與操作。

不只是黃金，
「白金」也要納入資產

Don't only invest in gold, also invest in Platinum

在日本，白金總給人金屬飾品（例如項鍊）的印象，很少人將它視為投資商品。

我想告訴各位，白金是很棒的投資商品，如果真想成為有錢人，請務必在資產中加入白金。

白金的開採成本很高，必須挖掘到地下超過一千公尺深的地方，人類幾乎無法進入，必須使用昂貴機器，有時候也會受限於各種條件，難以開採。

人類是在十八世紀開始注意到白金，各位可能會覺得白金的歷史悠久，不過，人類與黃金的歷史長達五千年左右，人類使用白銀也超過好幾千年。相較之下，白金的歷史還沒超過五百年，可說是很新的貴金屬。

白金是化學元素之一，與金銀一樣，都是很珍貴稀少的元素。埋藏量與黃金相當，其中大約八成在南非，白金的珍稀性可以說與黃金不相上下。

查看白金的圖表，即可得知白金價格在二〇〇八年達到巔峰，雷曼兄弟事件時下滑八成，之後再度回升。雖然又在二〇一一年達到高點，但之後一路下降。若注意最近的價格變動，就會發現股價受到新冠疫情影響下降時，白金價格也跟著下滑。

圖表中我注意的是成交量放大的時間點，結果發現價格上升時成交量會放大，而非價格下滑時。這代表想買與想賣的人都變多，是好的訊號。

白金價格變化（2007～2020年）

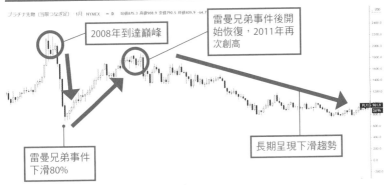

出處：Trading View https://jp.tradingview.com/

最近（2020年2月下旬～6月底）的白金價格變化推移

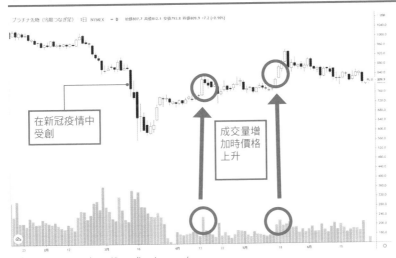

出處：Trading View https://jp.tradingview.com/

summary

投資白金時
要注意成交量放大的時間點。

48

投資專家看
「黃金與白金的價格比」

Professionals look at the ratio between platinum and gold

分析白金價格時，建議「與其他貴金屬比較」。貴金屬分成黃金、白銀、白金與其他，它們的價格通常互相連動。

觀察最近黃金與白銀的價格，在受到新冠疫情影響下滑後，現在幾乎已經恢復。因此我們可以設想，「白金應該也恢復到與新冠疫情前差不多的水準」。

此外，有些全球富豪會將黃金與白金的比率做成圖表，進行投資。

舉例來說，他們以避險為目的買白金、賣黃金。事實上，查看黃金與白金的價格比圖表，會發現新冠疫情前白金與黃金的比率為一比零點六五左右。但受到新冠疫情影響，白金價格下滑至一比零點四左右。換句話說，白金價格比已經剩不到一半。

黃金與白金的價格比（2019年12月～2020年6月）

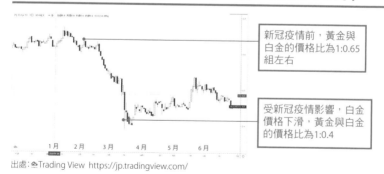

新冠疫情前，黃金與白金的價格比為1:0.65組左右

受新冠疫情影響，白金價格下滑，黃金與白金的價格比為1:0.4

出處：Trading View https://jp.tradingview.com/

接著看長期圖表，過去三十年黃金與白金的價格比，平均為一比一點一左右。白金現在的價格約為黃金的一半，可以說是非常便宜。綜觀歷史，白金與黃金價格比很可能回到一。

若要投資白金，建議與黃金一樣，投資白金的ETF。

「PPLT（Aberdeen Standard實體白金ETF）」就是很好的投資標的，不過，這支ETF的成交量較小，建議每月少量買進，耐心等待白金與黃金價格比回到零點七到一這個區間。

如果是有經驗的交易高手，短期買賣也是很好的方法。可透過期貨進行短期買賣，再每個月定期定額買進ETF，配置長期投資。

逆用槓桿買賣股票的「CFD」（差價合約）也能交易白金，不過CFD的手續費比期貨高，個人不太建議。

白金ETF PPLT的圖表（2019年12月～2020年6月）

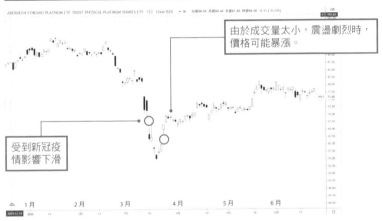

出處：Trading View https://jp.tradingview.com/

summary

白金價格很可能漲到
與黃金價格呈1:1的比率。

49

了解銀的供需

Understand the demand and supply of silver

與黃金和白金相較，白銀的價格變動較劇烈，但未來升值的期待性最高。長期來看，白銀可說是很棒的投資商品。

銀是化學元素之一，與黃金一樣，是人類從很久以前就使用的貴金屬。銀是四世紀用來鑄造錢幣的原料；西元前十五世紀的埃及也有使用銀的歷史。過去白銀的價格曾經超越過黃金，可惜現在黃金價格是白銀的一百倍以上。

世界白銀協會（Silver Institute）是收集全球白銀資訊的機構，根據該機構公布的資料，白銀供給約有八成來自礦業、約有一成五是回收再利用。從需求來看，相機的使用量最高，與攝影相關的需求量就佔三成左右。此外，白銀也是電器製品和飾品常用的材料。投資用的白銀也有兩成左右。

值得關注的是，白銀用途很廣，使用比例也很平均。黃金絕大部分都變成投資商品，這一點是黃金與白銀最大的差異。

接下來為各位介紹一張有趣的圖表。右頁圖表稱為〈黃金白銀比〉（Gold-Silver ratio），從中可以看出「金價是銀價的幾倍」，現在的黃金白銀比大約是九十五倍。

綜觀過去二十年，目前的比率最高。白銀投資者看到這張圖的時候，一定會覺得超過八十倍是買點。

原因很簡單，從過去歷史來看，金價大約是銀價的八十倍。二〇〇三年、二〇〇八年與二〇一六年，金價創新高，來到銀價的八十倍，之後便往下掉。由此可見，銀價還有可能往上漲。

我相信有些讀者在新冠疫情之前，可能在超過八十倍的時間點投資白銀，如今受到疫情影響，黃金白銀比再次往上升。儘管金價在疫情期間的下滑幅度不大，銀價卻大幅滑落。

在新冠疫情爆發之前，黃金白銀比幾乎從未突破八十倍的壓力線（Resistance Line），但現在突破了。由於這個緣故，現在是買進白銀的最佳時機。

黃金白銀比的變化

※線型愈往上，代表黃金買氣較強；線型往下，表示白銀較搶手。
出處：⚑Trading View https://jp.tradingview.com/

summary
參考〈黃金白銀比〉
就能找出買進白銀的時間點。

50

銀的價格為何可漲兩倍？

Why silver price will double

遇到像這次金價劇烈震盪的時候，可能很多投資者會選擇停損。

銀的投資者認為「黃金白銀比超過八十的可能性很低」，才買進白銀，但實際上真的突破八十，所以有些投資者決定停損，「賣出白銀、買進黃金。」

價格劇烈震盪的時候會讓許多交易蒙受損失，對其他人來說，競爭對手變少了，反而是進場投資的大好機會。

我預測白銀價格未來將增長兩倍，原因是即使金價不漲，如果回歸過去一百年的歷史平均值，也就是五十，銀價就上漲兩倍左右。

同時，金價也會上漲至五千美元。原因如前方所述，貨幣供給量增加得非常多。放眼過去歷史，貨幣量增加，金價就會上漲。

如果金價漲到五千美元，銀價就會漲到一百美元，以現在價格來看就是五倍。我不知道是否會漲到這麼多，但我認為漲兩倍是很合理的預期。

白銀與黃金價格的關係

現在	金價漲到5000美元 黃金白銀比達到50時……
金價　1800美元	金價　5000美元
⬍ 約95倍	⬍ 約50倍
銀價　18.5美元	銀價　100美元

話說回來，要如何投資白銀？

我最推薦買進白銀實物現貨。

唯一要注意的是，銀價波動性比金價劇烈。

尤其是跌價幅度比金價高出許多，若無法承受風險，買銀幣比買條塊更輕鬆。

如果銀幣價格太高，買不下手，也能買ETF。我推薦「SLV（iShares白銀信託ETF）」。

推薦原因跟黃金ETF相同，這支無論是成交量或淨資產總值，在以美元計價的白銀ETF中都是最大的。綜觀歷史績效，其與銀價連動，手續費也不高。淨資產總值愈大，即使有一大筆投資資金進場，也很難操作價格。

另一個投資方式則是買進銀礦公司的股票。不可諱言的，如果投資個別公司，就會受到財務決算、經營陣容與管理等影響，發生白銀以外的風險。

話說回來，風險不一定都是負面的。高風險會帶來高報酬，若能搭配其他商品取得平衡，也值得投資。

有鑑於此，最理想的狀況就是「實物現貨（條塊、銀幣）」、「ETF」、「礦業公司股票」都買一些，讓投資商品多樣化。建議分散投資，像黃金一樣每個月少量購買，持續買五到三十年。

summary
分散投資，定期定額少量買進
銀幣、ETF與礦業公司股票是最好的方法。

解讀比特幣風潮

Understand the trend of Bitcoin

比特幣的熱潮最近降溫不少，但投資世界有一項原則，「引起輿論話題的商品有投資風險」。反過來說，沒人注意的時候才有進場機會。

投資是競爭相當激烈的世界，基本上這是一場有人贏、有人輸的零和遊戲。市場過熱的時候，輸贏就會變得刀刀見骨，各位一定要謹記這一點。

回顧比特幣的歷史，全盛期是二〇一七年十二月，當時漲到接近兩萬美元，隨後持續崩跌，跌到三千美元左右。

觀察過去的MACD，二〇一七年的線型呈現死亡交叉（短期移動平均線由上往下跌破長期移動平均線的現象），顯示「賣出」訊號。此外，二〇一九年也同樣出現死亡交叉，顯示「賣出」訊號。

相反地，現在是黃金交叉（短期移動平均線由下往上突破長期移動平均線的現象，為買進訊號），而且兩條線都往上揚。

我過去也曾做過包括比特幣在內的加密貨幣交易，現在則沒做了。唯一要注意的是，比特幣的發展歷史較短，很難分析，不過，將比特幣納入資產的一部分還是有其意義的。

如今世界各國政府的債務愈來愈龐大，擁有非政府發行的貨幣也能達到避險目的。

假設你的資產中，有三成是商品，建議以黃金百分之十五、白銀百分之五、白金百分之五、比特幣百分之五的比例分散持有。無論如何，最後還是要由你決定。

比特幣的圖表（2017年7月～2020年6月／週K）

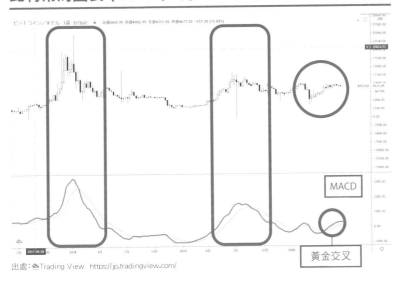

出處：Trading View https://jp.tradingview.com/

商品部分的投資組合範例

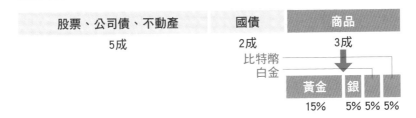

股票、公司債、不動產	國債	商品
5成	2成	3成

比特幣
白金

黃金	銀		
15%	5%	5%	5%

52

掌握原油的投資機會

Find the opportunity to invest in Oil

新冠疫情爆發的二〇二〇年四月下旬，原油的期貨價格為負數。之後也維持在低檔，可能有些人都曾考慮過「是否應該投資」，但我認為還要觀望。其實無須直接投資原油，也能買進與原油相關的公司股票。不過，這些投資方式還是有風險。

首先來看原油期貨線型。

從日K線即可得知，只有一天的價格是負的。四月二十日，原油價格有幾個小時的時間，短暫跌成負數。由於太過驚人，全球媒體紛紛報導這起「重大事件」（big deal）。

期貨交易是有期限的，稱為「交割月份」（Delivery Month）。假設交割月份為五月，就必須在五月底之前完成交割。想要持續投資原油的人，就要在某個時間點換成交割月份為六月的期貨。

原油期貨線型（2020年1～6月／日K）

價格為零的線

4月20日曾經短暫跌至負40美元

出處：Trading View https://jp.tradingview.com/

一般來說，交割月份還早的期貨價格，會比即期期貨高，換購期貨很可能造成損失。加上二○二○年四月份時的原油價格下滑，我認為投資者應該會等到最後一刻才決定是否換購其他期貨。由於等到最後一刻的投資者人數過多，所有人都在同一時間全部售出，才會導致原油期貨價格短暫出現負數的結果。

　　一般投資商品的價格波動性，在價格下跌時的震盪幅度較大，並非價格上漲時。原油也是一樣，價格跌至負數時，波動性也會變大。

　　參照價格波動性線型，會發現三月九日大幅上揚。因為當天有一則新聞報導指出「沙烏地阿拉伯與俄羅斯將取消產量限制」，導致原油價格下跌。價格是由需求和供給決定的，產油國為了維持油價，通常會限制產油量。產油國取消產油限制的新聞一曝光，原油價格立刻下跌，結果導致價格波動性變大。

原油的價格波動性（日K）

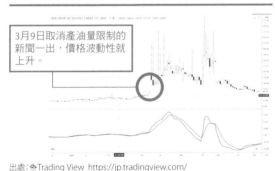

3月9日取消產油量限制的新聞一出，價格波動性就上升。

出處：☁Trading View https://jp.tradingview.com/

summary

價格波動性上揚時要特別注意。

53

了解原油價格與美元的關係

Understand the relationship between Oil and US Dollar

不只是原油，黃金、白銀、穀物等商品幾乎都是美元計價。中國與其他國家也成立自己的原油期貨交易所，以本國貨幣計價交易。不過，國際上幾乎所有的原油交易都是以美元計價的。由於這個緣故，商品交易一定要參照美元價格動向。

長期來看，美元和商品價格通常成反比。也就是說，美元上漲時，商品價格下跌；商品價格上漲時，美元就下跌。雖然不是絕對，但有這樣趨勢。

當美元處於下降趨勢，是買進商品的最佳時機。美元下跌時，通常是通貨膨脹較嚴重的時期，物價上漲，原油、穀物等商品價格也會跟著漲價。

建議各位參照「DXY」，這是「美元指數」，「反映美元兌換主要貨幣的強度」，根據日圓、歐元、瑞士法郎、英鎊、瑞典克朗等五大貨幣匯率換算成指數。

此外，觀察美元兌日圓、歐元兌美元等先進國家匯率，也出現與DXY相同的趨勢。從這一點來看，DXY是很重要的參考圖表。

DXY也是觀察原油價格的重要數據。

舉例來說，二〇二〇年三月中旬，DXY開始上漲，原油開始下跌。

造成此現象的原因有很多，但基本上只要美元漲價，原油就會遭到拋售。不只如此，當時也是股市暴跌，投資人大拋股票。不只如此，無論是美國或日本，全世界都處於美元不足的狀態。

全世界流通儲備貨幣約有六成為美元，一旦美元不足，原油價格就會下滑，DXY呈現上漲趨勢。

DXY（美元指數）的變化

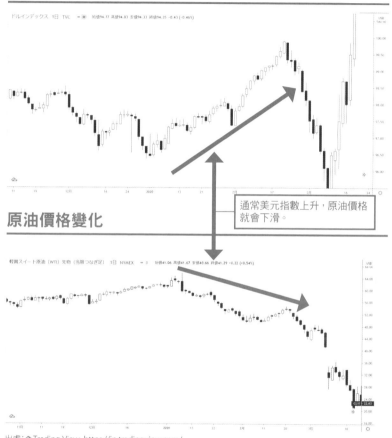

通常美元指數上升，原油價格就會下滑。

原油價格變化

出處：Trading View https://jp.tradingview.com/

summary

DXY下滑時，原油價格上漲；
DXY上漲時，原油價格下滑。

十到十九歲的死亡原因第一名為自殺

日本社會最令人感到遺憾的現象之一就是自殺率。根據OECD的數據，日本自殺率在過去二十年，皆位居全球第二名或第三名。

我從來不知道日本自殺率有這麼高，已經成為社會問題。

更令我震驚的是，根據二〇一八年的數據，十五到三十四歲的人，死亡原因第一名是自殺。在七大工業國（G7）之中，只有日本如此。

不僅如此，二〇一七年的數據也顯示，十到十九歲死亡原因第一名是自殺。這個年齡層都是孩子卻有如此多自殺案例，可見日本社會一定存在著某些問題。

這個問題一定要解決。

我也調查了過去資料，日本經濟惡化時，例如泡沫經濟崩跌的一九九〇年代，自殺率相當高。當時日本的自殺率位居世界之冠。

我認為自殺理由最多的是「遭遇失敗」。我回到日本生活時，就強烈感受到不能「失敗」的壓力。

我認為不應該害怕「失敗」，如果有人告訴你「絕對不能失敗」，請不要相信對方說的話。唯有累積失敗，在失敗中學習，才能打造出更適應未來挑戰的社會。

不動產

大多數世界上的有錢人投資「不動產」。最大的
理由是不易跌價,還能融資。日本也有愈來愈多
商業人士投資不動產,我認為投資不動產將成為
未來建構資產的主流。

54

不動產投資的魅力是無須頻繁確認不動產價格

Real Estate is beneficial as you don't need to frequently watch the price

　　我個人偏好的投資標的是不動產與貴金屬。不動產領域有許多專家，不過，我實踐的方法與其他投資者略有不同，我購買的不動產遍布多國。

　　我在美國已有許多投資經驗，也在馬來西亞、越南、印尼等國家投資。雖然沒在新加坡投資過，但我曾在當地住了四年，大致了解狀況，所以透過仲介收集相關資料。

　　全世界有錢人也積極投資不動產，他們喜歡不動產的原因之一，是無須頻繁調查價格。

　　股票和債券價格有時震盪激烈，容易讓人感到壓力。我在操盤避險基金時，還曾經在半夜兩三點與客戶通電話。客戶最常問我：「丹，為什麼價格變動這麼快？」可見大家都覺得壓力很大。

　　不可諱言的，不動產價格也會變動，但無須頻繁確認。

　　此外，即使土地價格崩跌，也不至於血本無歸。其他金融商品的投資很可能歸零，甚至可能虧損。

　　加上不動產可以向金融機構融資（貸款），只要少許資金就能買到房子。

　　我第一棟買的是美國康乃狄克州的五房透天厝（請參照下一節），再將房子租給當地大學生。由於我是用最低價買的，投資效率相當好。

至於我為何會在康乃狄克州投資不動產,以及用最低價買的過
程,也在下一節一併解說。

股票市場與不動產市場的差異

股票市場

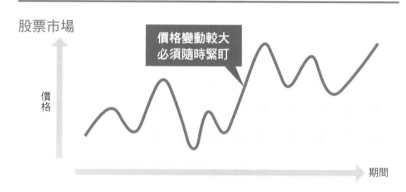

價格變動較大
必須隨時緊盯

價格

期間

不動產市場

價格變動較小
無須頻繁
確認價格

價格

期間

summary 即使土地價格下滑,
也不至於血本無歸,風險較低。

55

不動產是安全且高報酬的投資？

Real Estate can be safe with high returns

我是在二〇一〇年（二十四歲）開始投資不動產。十九歲時，我在華爾街擔任實習生，二十一歲成為正職的投資專家，但很快就遇到雷曼兄弟事件。

那段期間我看了好幾本書，開始對不動產投資感興趣。

我看書後發現，大多數歷史上創造龐大資產的人，都是向銀行借錢購買不動產。

只不過我當時剛出社會，手頭沒什麼資金，無法立刻投資。

我一邊存錢一邊等待時機，二〇〇九年趁著股票市場打底的時候，認真尋找適合的不動產標的。

有一位大我五歲的前輩是持有五到十間不動產的投資專家，於是向他請益。他給我看他名下位於附近的物件，也告訴我他將房子租出去，收益很不錯。

他帶我去的地方就是紐約附近的康乃狄克州，從紐約搭乘大眾交通工具只要五十分鐘就能抵達。

後來，我在二〇一〇年買了第一棟房子，至今仍記憶深刻。我很幸運在市場落底時買到房子，隨後的三到五年，價格上漲了五成左右。

由於當初申請貸款，因此我實際拿出來買房子的資金比售價還少。儘管如此，投入的資金也在三到五年之間漲了三倍左右。

最初的不動產投資

透天厝

康乃狄克州
的物件

價格上漲
50%

2010年購入　　　　　　　　3年後賣掉

　　當時我有了一個想法。

　　「沒想到這麼簡單就能將資金翻三倍，而且很安全。」

　　透天厝有土地，房租收益率還高達百分之十二，是很好的投資。

　　後來我到越南、印尼和馬來西亞等東南亞國家，投資不動產。

　　我雖然擁有日本國籍，卻從未在日本投資不動產，未來我會遇到合適的機會，我也打算在日本投資不動產。

summary
從歷史上來看，
富豪都是向銀行借錢購買不動產。

56

建議投資「透天厝」

My recommendation is Real Estate that includes Land

不動產投資大致分成兩類，分別是自用住宅（residential）與商業設施（commercial）。雖然還有其他類型的不動產，但這兩個是最具代表性的。

自用住宅還可以分成高級公寓、普通公寓、透天厝。另一方面，商業設施包括辦公大樓、物流設施、工廠、飯店等。

不動產投資類型

根據我過去的經驗，商業設施較容易受到景氣變動的影響。當景氣變差，商業設施會反映景氣現狀，價格下跌。尤其是零售商店、工廠和飯店最容易遭受波及。

自用住宅方面，高級公寓、普通公寓這類物件，每戶分配到的土地面積不僅不如透天厝，也少得可憐。

相信一定有人很猶豫，不知道應該買透天厝還是高級公寓。若從投資角度來看，透天厝較有利已經成為全球共識。原因很簡單，透天厝的土地面積較大。

高級公寓只能分配到面積很小的土地，就算現在土地價格下跌，未來十年、二十年也可能會上漲。在這個情況下，土地面積較大的透天厝較為有利。

透天厝較為有利的理由還有一個，那就是供給問題。想要多蓋幾間透天厝，必須要有廣闊的土地，但高級公寓不同。

在同一塊土地上，只要多蓋幾層，就能增加高級公寓戶數。但供給戶數增加，價格也不容易上漲。從這一點來看，投資不動產時，透天厝較為有利。

不動產供給量的特性

透天厝

透天厝附帶土地，不容易增加戶數供給量。

普通公寓、高級公寓

普通公寓與高級公寓大多數蓋在比透天厝更小的土地上，可以多蓋幾戶。

summary 土地無法隨意增加供給量，
因此持有土地較安全。

57

股票市場打底兩年後，
換不動產市場起漲？

Real Estate moves with a 2 year lag to the Stock Market?

美國有各種資料庫，我最喜歡參考的是「FRED」。

美國有十二間聯邦準備銀行，是中央銀行體系「聯邦準備制度」的運作分支。FRED經濟資料庫是聖路易聯邦準備銀行管理的經濟數據統計網站。

從FRED查看美國歷史住宅平均價格（房價指數），就會發現二〇〇八年雷曼兄弟事件引發的經濟衰退，一直延續到二〇〇九年。

自用住宅價格真正開始下跌是從二〇一一年底到二〇一二年初，很晚才產生影響。

若觀察這段時期的股票市場，二〇〇九年三月正在打底。換句話說，股票市場打底的時間，與不動產價格打底的時間點，有大約兩年半的差距。這一點非常有意思。

FRED的房價指數

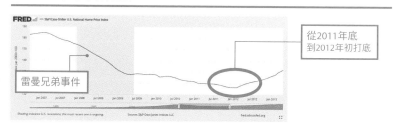

從2011年底到2012初打底

雷曼兄弟事件

雷曼兄弟事件前後紐約道瓊指數的動向

受到雷曼兄弟事件影響，股票市場在2009年3月打底。

出處：Trading View https://jp.tradingview.com/

接著來看日本。日本的住宅價格在二〇一三年打底，在安倍經濟學刺激下，直到二〇一四年才真正上漲。觀察同時間的日經平均指數，從二〇一二年底開始上揚。同樣延遲了一到兩年。

綜合以上資訊，不動產市場通常在股票市場之後輪動。雖然有時也會一起動，但如果觀察最近景氣衰退的趨勢，就會發現美國、歐盟與日本的不動產價格上漲，大多起始於股票市場上漲的大約兩年以後。

日本住宅價格指數

出處：tradingeconomics.com

安倍經濟學前後日經平均指數動向

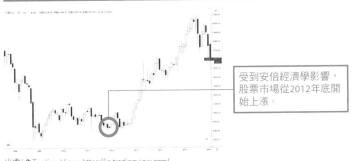

出處：☁Trading View https://jp.tradingview.com/

summary
美國與日本的不動產市場
都比股票市場延遲反應。

58

投資不動產不可或缺的
三大經濟指標
3 Important Economic indicators for Real Estate

　　美國的不動產市場是全世界最大的,此處的資金流動影響著世界。觀察美國不動產市場時要注意以下三個重要指標:

❶ 國家建築開發業協會指數（NAHB Housing Market Index）
❷ 成屋銷售（existing home sales）
❸ 新屋銷售（new home sales）

　　根據**❶**國家建築開發業協會指數,最近一次打底是在二〇一一年,與此數據有關的紐約道瓊指數則是在二〇〇九年三月,也就是兩年前打底。

　　此處也體現了「股票市場先動,不動產市場再動」的基本原則。

美國國家建築開發業協會指數

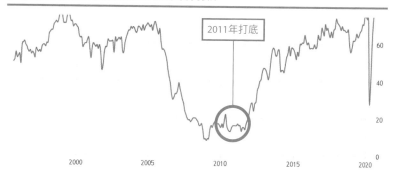

2011年打底

出處:tradingeconomics.com

觀察❷成屋銷售指數，會發現下跌至與雷曼兄弟事件相同的水準。

　　接著來看❸新屋銷售指數。在不動產世界中，新屋與成屋的重要性不同，價格不同，市場也不一樣。

　　新屋價格受到經濟狀況影響，從結果來看，價格波動性變大了。成屋價格受到需求影響，受到經濟狀況的影響度不如新屋嚴重。

　　一般來說，新屋供給量會在不動產市場價格上漲開始近尾聲的時間點暴增。

　　近幾年新建高級公寓特別多，我曾經投資過的越南房市，高級公寓供給量也持續成長，我認為這是個警訊，因此在購入一年後賣出。

　　此外，成屋銷售與新屋銷售的數據每個月都會公布。

美國成屋銷售

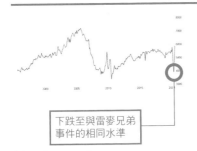

下跌至與雷麥兄弟
事件的相同水準

出處：tradingeconomics.com

美國新屋銷售

出處：tradingeconomics.com

summary

**新屋供給量通常
會在房市價格上漲的尾聲暴增。**

新冠疫情後是投資不動產的機會？

There may be a chance to Invest in Real Estate after the Coronavirus Shock?

投資不動產時，該如何看待其與股票市場動向之間的時間差？只要觀察股票市場與住宅價格的表格即一目了然。

個人認為，股票市場受到新冠疫情影響下跌打底，開始回升時，就是購買不動產的好時機。

股票市場與不動產市場的關係

	股票市場打底		不動產市場打底
美國 （雷曼兄弟事件）	2009年	2年半 ➡	2011～2012年
歐盟圈 （歐債危機）	2012年	約2年 ➡	2014年
日本 （雷曼兄弟事件）	2012年	1～2年 ➡	2013～2014年

如果真的想投資不動產，請務必觀察股票市場是否已經打底，開始進入新的上升循環，在這個時機點進場。

無論是不動產、股票、債券或商品，市場都會受到投資者的情感與期望值驅動。從這一點來看，現在的期望值處於高檔。

個人預測，許多投資者在雷曼兄弟事件的景氣循環中投資不動產，獲利頗豐，因此這一次他們會更快出手，很可能打破過去兩年左右的時間差。

我不清楚股票市場何時落底，IMF（國際貨幣基金組織）預估全球GDP成長率將有最差的表現。假設底部會比過去更快出現，建議各位從現在開始搜集相關資訊。

　　買進不動產很花時間。首先必須找到好地段的好物件，找到後還要開始交涉，也必須現場看屋斡旋。有鑑於此，從現在開始先做半年功課，一邊學習慢慢實踐，才是最好的方法。

雷曼兄弟事件與新冠疫情衝擊的差異

雷曼兄弟事件	➡	新冠疫情衝擊

從股票市場落底到不動產市場落底的時間差，大約是1～2年半。

在雷曼兄弟事件中獲利的投資者可能提早出手，不動產市場的底部也會更快到來。

summary
**從現在開始搜集資料，
掌握投資不動產的機會。**

60

日本不動產值得投資的理由

Why Japanese Real Estate is a good opportunity

　　我從來沒在日本投資過不動產，但這一兩年我一直在搜集資料。根據日本國土交通省公布的不動產價格指數，以二〇一〇年為一百，可以看出到現在的上漲趨勢。

　　平均來說，高級公寓上漲了五成左右，透天厝幾乎不動。如果只看東京，波動相當大；市郊與地方鄉鎮幾乎沒有成長，有些地方甚至還下跌；綜觀日本全國，看不見如高級公寓那般的好光景。

日本不動產價格指數（住宅）

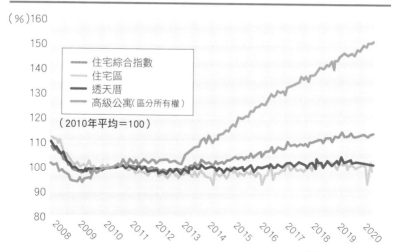

（%）160

| 住宅綜合指數 |
| 住宅區 |
| 透天厝 |
| 高級公寓（區分所有權） |

（2010年平均＝100）

參照：日本國土交通省

不動研住宅價格指數的變化（2000年1月=100）

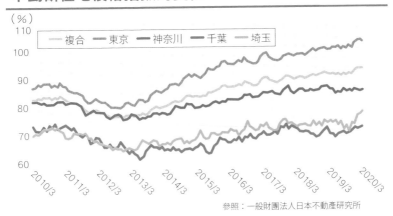

（%）

複合 — 東京 — 神奈川 — 千葉 — 埼玉

參照：一般財團法人日本不動產研究所

　　長期來看，日本不動產並未回到一九九〇年代的價格，在先進國家中，只有日本是這個狀況。從這個事實即可斷言，「日本不動產市場值得投資」。

　　接下來，為各位介紹日本人很難找到的國外數據「CPI住宅公用事業」（CPI Housing Utilities）。

　　「CPI住宅公用事業」是根據國民每個月支付的電費等公共費用換算成的指數，通常與不動產價格連動。觀察這項數據，有助於預測日本的不動產價格。

　　從預測中可以得知，指數雖然短暫下跌，但很快就會恢復（受限於篇幅，本節不放圖表，有興趣的讀者請自行搜尋確認）。有鑑於此，現在要採取與雷曼兄弟事件時完全不同的策略，盡早投資才能掌握商機。

summary 日本是唯一還沒回到九〇年代價格的先進國家，還有進場機會。

61

購買自用住宅也是一種「投資」

Buying your personal residence is an Investment

　　全世界有錢人皆充分管理自己的支出。詳情我將在第二○六頁解說，但基本上有錢人都會盡可能降低居住費用的支出。

　　大多數有錢人會趁年輕的時候買房子，我身邊幾乎沒有朋友租屋，因為他們認為買房子是一種投資。

　　除了自住的房子之外，有錢人會買第二間、第三間房子，出租給別人，賺取房租收入。如果房租可以完全支付房貸，就能壓縮固定成本。

我朋友的不動產投資範例

自宅　　　投資物件　　　投資物件　　　投資物件

房貸、房屋維持費　←　房租收入　←　房租收入　←　房租收入

購買兩三間投資用不動產，以房租收入支付自宅房貸與房屋維持費。

日本過去三十年的實質工資幾乎沒變，也就是說，這三十年來薪水都沒有增加。不只是先進國家，環顧世界各國也沒有這樣的情形，日本可說是特例。由於這個緣故，消費者物價指數也沒有上漲，與海外的不動產價格相較，日本房市死氣沉沉。

如此一來，想買房子的年輕人就更少了。

加上不少一九九〇年代購買自用住宅的人，因房價下跌蒙受損失，他們也不想再投資不動產。

海外普遍的想法都認為「就算買了房子之後，房價一時下跌，但只要耐心等待就會回升」。這個觀念與日本大相逕庭，因此有人認為在日本不要買房子，租房子住就好。

事實上，也有許多人認為「日本人口將逐漸減少，土地價格應該也會持續下跌」。

不可諱言的，人口多寡與土地價格密切相關，但若只看東京都周邊地區，人口密度非常高，完全不輸給全球其他城市。

有鑑於此，如果你是介於二十到五十九歲的族群，且居住在東京等人口稠密的地區，購買自用住宅是很好的選擇。

儘管日本現在的房貸利率接近零，但低利狀況不會永遠持續下去，我認為總有一天房貸利率會再升高。建議各位善用最長期限且固定利率的房貸，買進自用住宅，絕對有益於你的人生。

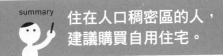

summary
**住在人口稠密區的人，
建議購買自用住宅。**

62

了解日銀的J-REIT年收購額上限真正意義

Understand the Bank of Japan J-REIT buying limit

REIT（不動產投資信託基金）在日本相當受歡迎，原因在於收益率高。

日本利率很低，除了瑞士之外，全球利率就屬日本最低。在此現況下，REIT算是利率較高的商品。

J-REIT（日本不動產投資信託基金）市場的時價總額大約十三兆日圓，平均收益率約為百分之四點三。績效表現遠比日本國債高，即使投資不動產現貨也很難有此收益。

正因如此，才有這麼多日本國民關注REIT。

J-REIT收益率範例（2020年7月3日的統計數據）

證券代碼	投資法人	配息率(%)
8985	Japan Hotel REIT Investment Corporation	8.54
3468	Star Asia Investoment Corporation	7.06
3492	Takara Leben Real Estate Investment Corporation	6.97
3470	Marimo Regional Revitalization REIT Inc	6.89
3476	MIRAI Corporation	6.77
3451	Tosei Reit Investment Corporation	6.74
8953	Japan Metropolitan Fund Investment Corporation	6.65
3488	XYMAX REIT Investment Corporation	6.58
8964	Frontier Real Estate Investment Corporation	6.35
3472	Ooedo Onsen Reit Investment Corporation	6.23

此外，REIT也是安倍經濟學寬鬆貨幣政策之一，順勢吹起了REIT風潮。我建議各位要關注「日銀的J-REIT年收購額」。二〇一九年底，日銀持有的J-REIT規模超過五千億日圓。

二〇一〇年以後也持續購買，不過，直到二〇一五年收購額才瞬間暴增。

此外，過去收購額的上限每年為九百億日圓，為了因應新冠疫情的寬鬆貨幣政策，將金額增至兩倍，如今每年上限為一千八百億日圓。

明明二〇一九年只買入五百二十八億日圓，還不到上限的九百億日圓，仍然提高上限至一千八百億日圓。

由於收購額上限與日銀實際買入的額度相差太大，各位一定要特別注意。

日銀的J-REIT年收購額變化

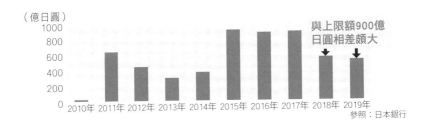

（億日圓）
與上限額900億日圓相差頗大

參照：日本銀行

summary **與其關注收購額上限，應該特別注意日銀實際買入的額度。**

63

一開始先看整體，
再檢視個別標的

Check the Index trend before checking Individual stocks

接著來看J-REIT的技術線型，由於REIT數量很多，建議檢視指數線型即可。

首先介紹的是日本最大的REIT指數「東證REIT指數」，這個指數與許多ETF、投資信託連動。

若只看短期，指數呈現持平狀態。

MACD的兩條線皆往下走，短期移動平均線在長期移動平均線之下，代表短期走勢較弱。不過，最近短期移動平均線展現出突破長期移動平均線的趨勢。

隨機指標往上走，代表短期上漲的可能性很高。

東證REIT指數（2020年3月～8月上旬）

出處：Trading View https://jp.tradingview.com/

一般來說，「東證REIT指數」指的是在東京證券交易所上市，所有的REIT時價總額加重平均指數。

但此處提的東證REIT指數，只是東京證券交易所公布的東證REIT用途別指數的其中之一而已。

J-REIT指數的不動產用途別共有以下三種指數，一般投資者不太使用，僅供各位參考。

○東證REIT辦公室指數……以持有大量辦公室物件的REIT為成分股的指數

○東證REIT住宅指數……以持有大量住宅物件的REIT為成分股的指數

○東證REIT商業‧物流等指數……以持有大量商業用途、物流用途物件的REIT為成分股的指數

檢視線型時，在看個股REIT之前，請先綜觀整體東證REIT指數，確認你感興趣的用途別指數（辦公室、住宅、商業‧物流），再檢視個別REIT。

summary 在看REIT時，一開始先看整體REIT指數，再檢視個別REIT。

64

不要被日銀與證券公司的宣傳口號蒙蔽

Don't get roped in by BOJ or Financial institution marketing of JREITs

許多日本國民購買J-REIT的原因,就是上一節提到的「高收益率」。不過,請各位想一想,J-REIT的平均收益率是百分之四點三。

觀察REIT指數,受到新冠疫情影響下跌了五成左右,但日經平均指數只下跌三成左右。儘管如此,仍然可以說「REIT是安全的」。

相較於收益率是百分之四點三,在新冠疫情之下,又比日經平均指數多跌百分之十。簡單來說,價格波動性較大。

部分證券公司認為「REIT是安全的」,日本人的個性又會覺得「有人買的商品就能安心」。

可是,實際查看數據就會發現,在短期內下跌五成的投資商品絕不安全。這意味著商品價格在一個月之內腰斬。如果是我,就算收益率有百分之八,我也不會買,更何況收益率只有百分之四點三,完全沒有誘因。

此外,在我的認知裡,時價總額較大的REIT吸收了更多投資資金。

唯一讓我擔憂的是,REIT成交量不大。在四月打底之後,還是沒人買,這個現象代表之前掀起風潮時已經吸引想買的人買了,現在空手的人一點都不想進場。

此外，一般民眾都以為日銀買了許多REIT，但事實上，日銀每年只買五百到六百億日圓。J-REIT整體的時價總額高達十三兆日圓，因此日銀收購量對J-REIT整體市場沒有太大影響。

我從安倍經濟學實施以來一直在注意REIT，誠如前文所說，J-REIT基本上沒什麼特色，都是靠日銀大肆宣揚收購動向，藉此鼓動民眾進場。

總而言之，日銀買的量非常少，只是想要表現出支持金融體系與金融機構的態度。證券公司也不斷對外宣傳，REIT的收益率很高，所以投資人可以安心購買。

無論他們說什麼，我都不信，在我看來，這不過是行銷騙局罷了。

summary 證券公司大肆宣傳「REIT收益率很高，可以安心購買」，建議一定要自行研究調查，再做判斷。

「不善談判就不能成為有錢人？」

　　人生每一天都在談判。許多人覺得日本人「不善談判」，如果善於談判斡旋，各位的人生一定會變得多采多姿，也可能累積財富。

　　我走遍世界各國，在九個國家做生意，有時談判成功，有時談判失敗。我想與各位分享談判時最有用的事情。

　　首先，談判方法分成「柔軟」、「強硬」兩種。柔軟的最終目的是達成「共識」，亦即建立雙贏關係。另一方面，強硬的談判方法是為了贏過對方，也就是以「取勝」為目的。在此為各位介紹日本商界人士大多採行的軟性談判方法。

　　談判最重要的是地點。舉例來說，若希望主管認可自己的工作成績，你認為應該選在什麼時候，在什麼地點與主管溝通？如果是我，我不會選在辦公室，而是選一個讓人感到放鬆的地方。像是咖啡館、餐廳等安靜的地方，再慢慢開始溝通。

　　第二個重點是，要稍微改變自己的個性。假設你天性害羞，不妨慢慢地打開話匣子；如果你是積極主動的人，盡可能推銷自己，效果最好。若對方是年輕人，就從IG等年輕人感興趣的話題切入；若對方是年長者，不妨聽他說說自己的孫子孫女。

　　還有各種不同的溝通技巧，以上兩種只是最基本的，請各位一定要試試看。我也在YouTube頻道上分享溝通技巧，有興趣的人不妨點閱參考。

經濟

掌握經濟脈動不僅有利於投資和做生意，也能了解自己目前的位置，建立對於未來的夢想。建議各位從每天的新聞學習「實踐經濟」而非「學術經濟」，才能幫助自己在現代社會中倖存下來。

65

¥ 了解世界經濟等於掌握財富

Understanding the World Economy = Understanding Money

可能許多讀者不明白，為什麼了解世界經濟是成為有錢人的必備條件。

原因很簡單，因為股票市場與經濟關係密切，回顧過去歷史即可證明這一點。

以一般長期趨勢來說，經濟發展順利時股價上漲；經濟發展遲緩時股價下跌。投資者若能在景氣不好時投資股票，等景氣轉好再賣出，就能增加自己的資產。

不過，經濟與股價在短期上不一定有所相關。

大家都知道股價是先行指數，例如當外界預測未來景氣看好，投資者就會先進場卡位，因為他們知道「經濟變好，股價就會上漲」。

由於這個緣故，股價通常都會在景氣真的轉好之前上漲。在正常狀況下，股價會比經濟數據早啟動幾個月。

即使在新冠疫情蔓延之下，經濟與股價的輪動時間差依舊存在。GDP成長率是顯示經濟狀況的代表性數據，在其受到疫情影響低迷不振的時候，股票市場表現亮眼，持續上漲。

其實只要換一個經濟數據，就能消弭兩者的時間差。最典型的例子是PMI（採購經理人指數，詳情請參閱第一七〇頁）。

研究各種經濟數據有助於掌握股票市場動向，因此若想成為有錢人，一定要掌握世界經濟脈動。

S&P500動向（2019年11月～2020年7月）

S&P500是美國具有代表性的股票指數，4月以後開始回升。

出處：Trading View https://jp.tradingview.com/

美國的「製造業PMI」

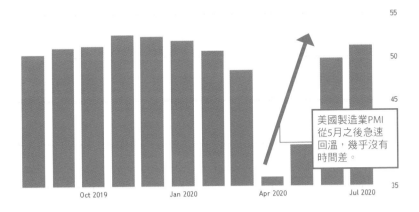

美國製造業PMI從5月之後急速回溫，幾乎沒有時間差。

出處：tradingeconomics.com

66

¥ 了解「降息」與「股價」的關係

Understand the relationship between Interest Rate Decrease and Stock Prices

「FRB（美國中央銀行美國聯邦儲備委員會）宣布降息」是預測股價趨勢的重要參考。

降息指的是「該國的中央銀行降低政策利率」。只要降低利率，企業和個人就容易貸款，有助於恢復經濟景氣。簡單來說，若要告訴民眾「現在利率很低，大家可以盡量貸款、盡情消費」，降息是誘因最大的政策。

當「FRB宣布降息」的新聞一出，市場就會立刻反應，不只是股價，還會影響各種先行指標。正因如此，當FRB決定降息（尤其是「緊急」、「追加」的狀況），全世界媒體都會爭相報導。

回顧美國緊急降息的歷史，可知在過去三十五年間，大約緊急降息了十一次。

過去緊急降息的範例

年	事件	年	事件
1987年10月	1987年黑色星期一	2001年9月	911恐怖攻擊事件
1995年7月	預防性降息	2007年8月	次貸危機
1998年10月	1998年俄羅斯金融危機與美國避險基金LTCM破產	2008年1月 2008年10月	雷曼兄弟事件
2001年1月 2001年4月	網際網路泡沫	2020年3月（2次）	新冠疫情

從過去緊急降息的效果，可以看出降息之後，股票市場一個月平均上漲百分之三左右；六個月後，平均約跌百分之四；一年後更平均下跌百分之九左右。

也就是說，緊急降息之後，在六個月到一年之間，股票市場下跌的可能性相當高。

緊急降息和股票市場之關係

	3個月後	6個月後	1年後
緊急降息	3%	▲4%	▲9%

FRB剛降息的時候，股票市場上漲，但隨後下跌。相反地，FRB升息，股票市場就會下跌。

這是基本原則，但不一定都是如此發展。

FRB在二〇二〇年三月召開緊急會議，決定降息百分之零點五。通常FRB會在例行會議上決定降息百分之零點二五，這次降息顯得十分異常。

不過，FRB並未清楚說明這次降息的原因，因此股票市場短期內幾乎沒有任何反應。基於這個前例，我認為今後也可能再次發生同樣的情形。

我從高中的時候就一直關注FRB公布的消息，在所有報章媒體中，我認為《華爾街日報》（*The Wall Street Journal*）最熟悉FRB的內幕，我不清楚原因是什麼，但《華爾街日報》的風評很好。想要了解FRB最新動向的人，建議多看《華爾街日報》。

summary
緊急降息可使股票市場短暫上漲，但六個月到一年就會下跌，請務必注意。

¥ 貨幣寬鬆政策
擴大貧富差距

Monetary easing increases the Wealth Gap

　　根據二〇一九年的資料,「排名世界前兩千名富豪的資產總計,比四十六億人還多。」

　　我很想知道為什麼貧富差距這麼大,於是調查了一下。

　　《經濟學人》雜誌(The Economist)二〇一八年十月曾經推算過,全球富豪最頂尖的百分之一擁有的總資產,從二〇〇〇年開始下滑,從百分之四十七下滑至百分之四十二左右。不過,二〇〇九年以後再次往上升,到了二〇一八年已經回到百分之四十七。

　　事實上,若將股票市場的線型倒過來看,與此趨勢十分相符。

前1%的富豪階級擁有的資產佔比

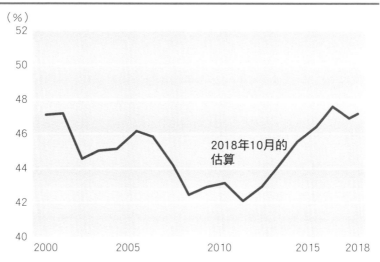

（%）

2018年10月的估算

參照:根據經濟學人雜誌(出處:Credit Suisse Research Institute)報導內容製作而成

二〇〇九年以後，全球富豪資產之所以再往上揚，和中央銀行的貨幣寬鬆政策密切相關。

從二〇〇九年開始，各國央行紛紛實行貨幣寬鬆政策。美國、歐盟、英國、日本等全球央行陸續降息，買入股票和債券。

對有錢人來說，貨幣寬鬆政策對他們十分有利。大多數窮人都沒股票和債券，基本上這項政策與他們無關。中產階級擁有的股票和債券數量不多，手中持有的現金比例較高，因此他們可以從這項政策獲得的利益較小。

話說回來，有錢人持有的資產中，大多數都是股票、債券和不動產。二〇〇九年之後推動貨幣寬鬆政策，中央銀行購買股票和債券，拉抬價格，富豪階級的資產大幅增加。

「貨幣寬鬆政策想要達成的目標，是將大量貨幣在市場流通，讓一般市民也能受惠。」但這樣的想法完全錯誤。

在我的眼裡，尤其是現在實行的貨幣寬鬆政策，都是用降息、購買股票和債券為主要手段，這樣的方法有點不負責任。

summary 政府推動貨幣寬鬆政策，讓持有股票、債券與不動產的富豪資產暴增，拉大貧富差距。

68

¥ 新冠疫情「不會」導致經濟大蕭條

Corona-shock will not lead to Great Depression

　　相信很多人都擔心「新冠疫情會不會造成全球性經濟大蕭條」，我認為「不會」。事實上，無論是一九三〇年代的經濟大蕭條或雷曼兄弟事件，問題的原點都是金融問題。

　　經濟活絡的重點是金錢流通，若因為金融問題導致金流遲滯，就很難恢復經濟榮景。

　　回頭來看新冠疫情，防堵疫情的關鍵不在阻斷金流，而是阻斷人與物品的流動。儘管大家主動減少出門，但有些人還是必須外出工作或購物，這一點是最大的改變。

　　雖然媒體也報導新冠疫情可能導致經濟大蕭條，但我希望各位不要照單全收，應該從數據分析進行判斷。

　　PMI是觀察經濟動向的重要數據之一，這是針對企業採購經理人進行調查，了解景氣狀況的指數。由於每個月都會公布，我認為這是了解現狀最有效的參考資料（詳情請參照第一七〇頁）。

　　舉例來說，美國的製造業PMI在新冠疫情大爆發的四月份大幅滑落，但在五月份迅速恢復，這個現象也發生在非製造業PMI上。

　　PMI上升，代表企業採購經理人認為「景氣好轉」，可以由此預測設備投資與經濟活動都會逐步恢復。

　　進一步確認相關數據，就會發現那些說「會導致經濟大蕭條」的媒體報導，絕對不可輕信。

美國的「製造業PMI」

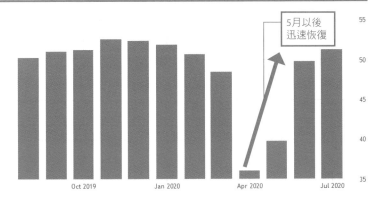

5月以後
迅速恢復

出處：tradingeconomics.com

美國的「非製造業PMI」

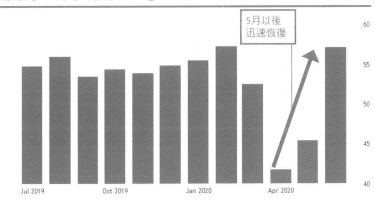

5月以後
迅速恢復

出處：tradingeconomics.com

絕對不要輕易相信那些說
「會導致經濟大蕭條」的媒體報導。

69

¥ 哪些指標可以判定 經濟大蕭條？

What metrics to use when determining a Great Depression

今後如果遇到嚴重的經濟大衰退，該以哪些資料為基準，判斷「是否會出現經濟大蕭條」？

景氣衰退的定義之一是「GDP成長率連續兩季呈現負數」，這個現象稱為「衰退」（recession）。

「美國」、「中國」、「歐盟」與「日本」的GDP佔全球GDP大約七成，因此基本上一定要觀察這四個地區的GDP數據。

此外，在發表GDP之前，也有方法可以預測景氣衰退。

以美國為例，觀察OECD（經濟合作與發展組織）的「Composite Leading Indicator（綜合領先指標／CLI）」相當有效。這項數據是「以預測未來經濟活動為目的的主要經濟指標」。

事實上，美國之外的其他國家也會計算這項數據，大致趨勢與GDP一樣，而且領先其他經濟指標。

若對照美國、中國、歐盟、日本過去十五年的統計圖表，就會發現這一次新冠疫情的綜合領先指標遠比雷曼兄弟事件還慘。

觀察綜合領先指標，也能搶先預測全球GDP動向。

股票指數、債券指數、消費者信心指數等，是大家熟知的先行指數，綜合領先指標就是以上述指數計算出來。任何人都能上經濟合作與發展組織網站查詢。

聽到「經濟」這兩個字，許多人可能會覺得「此事與我無關」。可以肯定的是，經濟會強烈影響各位的人生。沒有任何一個有錢人認為「沒必要學經濟」。

　　各位在面對未來的工作與生活時，學習經濟可以幫助你規劃適合的戰略。剛開始可能覺得很困難，但每天提醒自己上網研究報導資料，或上社群網站搜集資訊，自然就能深入理解。

綜合領先指標（CLI）

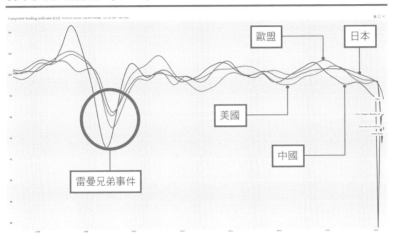

出處：OECD

summary

利用先行指數預測GDP動向，掌握景氣衰退的徵兆。

70

¥ 找出「景氣衰退」的徵兆

How to predict an Economic Recession

什麼是經濟？簡單來說，「金錢的流動」是其中一個概念。各個行業的人製造、販售、購買各種商品，創造金錢的流動。將金錢的流動化為各種數值，就能進行各種分析。

話說回來，經濟要如何預測呢？

世界上最常用的方法是參考GDP（不過，之後會談到，有些國家會有比GDP更重要的經濟指標）。

以一句話來解釋，GDP是「以數字表示該國製造與購買多少商品，提供多少服務」。「GDP的成長率」可說是「國家的成長率」。

一般人很難預測GDP未來的走向，根據我的經驗，後方介紹的「LEI（領先經濟指數）」等先行指數是預測GDP很好用的指標。

任何國家在進入景氣衰退之前，先行指數通常都會往下降。這一點相當重要，請各位務必記住。

「失業率」、「新大樓建築許可數」、「製造指數」、「股票指數」等，都是最常用的先行指數。

上一節提過先行指數是OECD刊載的數據資料，這一節要介紹的是由The Conference Board（美國經濟諮商局）計算的先行指數「Leading Economic Index（領先經濟指數／LEI）」。

請先看美國的LEI指數，二○○一年景氣衰退、二○○八年雷曼兄弟事件，以及二○二○年四月新冠疫情爆發時，LEI指數都大幅下滑。

美國的LEI成長率

出處：THE CONFERENCE BOARD

　　自從雷曼兄弟事件之後，日本在二〇一一年與二〇一二年出現
景氣衰退。二〇一一年發生了東日本大地震，二〇一二年則是安倍
經濟學開始之前，發生景氣衰退現象。

　　預測世界經濟的方法有很多種，不過難度都很高。

　　不過，就像我在前方說過的，四個地區的GDP佔了全球GDP的
七成左右，因此只要看這四個地區的LEI，就能掌握景氣衰退的徵
兆。

　　市場上有許多先行指數，LEI納入許多先行指數，極具參考效
果。而且不受該國政府的控制，可說是信賴度很高的指數。

summary　只要看佔全球GDP七成的四大地區LEI，
就能掌握經濟大蕭條的徵兆。

71

¥ 中國重要的經濟指標「PMI」

PMI is one of the most important economic indicators for China

若要討論世界經濟，絕對不能漏掉中國。儘管中國共產黨的影響力很強，但沒人能預測未來，因此我們一定要隨時緊盯中國。

既然如此，該觀察哪個指標才能掌握中國經濟現狀？我最推薦「PMI（Purchasing Manager's Index／採購經理人指數）」。

PMI指的是以企業中負責採購的經理人為對象，針對每個月的新訂單、生產與雇用狀況進行問卷調查，並將統計結果製作成數據資料。

一般來說，PMI數值持續超過五十，代表景氣擴張；低於五十，代表景氣緊縮。

中國PMI分成兩種，分別由國家統計局（NBS）和民間企業（Caixim）公布。

PMI之所以重要，是因為一、這是每個月公布的數據，有助於掌握現狀（※GDP為每季公布一次）；二、中國經濟仍以製造業為火車頭；三、反映經營者的心理。

PMI共有「製造業」、「非製造業」與「服務業」等數據，不過，「非製造業」與「服務業」都是服務業，只是計算主體不同。

觀察過去的製造業PMI，二〇二〇年二月受到新冠疫情影響，指數大幅下滑。數字表現比雷曼兄弟事件還糟糕，媒體爭相報導，引起熱議。

不過，隨後連續三個月都在五十上下移動，最後順利恢復水準。接著來看另一個非製造業的數據，從三月份以後連續三個月高於五十。

中國「製造業PMI」

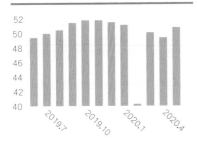

中國「非製造業PMI」

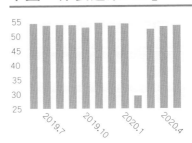

若再仔細分析，製造業PMI在四月份下滑，非製造業PMI從三月份以後呈現上揚趨勢。這代表過去一直由製造業支撐的中國經濟受到新冠疫情影響，企圖轉型成「由非製造業支撐的經濟模式」，這是很重要的改變。

觀察最近的數據，非製造業的五月PMI為五十三點六；六月為五十四點四。

也就是說，非製造業的經營者對於景氣復甦相當有自信。當經營者對未來有信心，就會投資設備，促進金錢循環。無論政治人物推出多少政策，若經營者不呼應也不能成事。從這一點來看，我認為「未來中國經濟將大幅復甦」。

summary
**中國的非製造業
一定會從新冠疫情的打擊中恢復。**

GDP數據不能照單全收？

Don't focus too much on GDP?

　　或許有些讀者想問：「中國共產黨公布的數據真的可以相信嗎？」

　　無論如何，我認為PMI算是可信度較高的數據。我在華爾街工作的時候，專門負責中國市場的交易員經常說這個數據很重要。

　　不可諱言的，中國政府公布的GDP確實有不對勁的地方。請各位看一下右頁的GDP成長率圖表，首先請看美國的數據，可以看出有些波動，這是很常見的狀況，但中國直到二〇二〇年前半，絲毫沒有任何波折。這一點令人感到狐疑。

　　話說回來，各國GDP數據的計算方法不同，難免會有一些粉飾過的數字。從這個角度來看，完全不質疑GDP數據是很危險的一件事。

　　另一方面，PMI是由幾百家公司的採購經理人回答問卷統計的結果，我認為很難上下其手。

　　最重要的是，若是中國政府竄改數字，想要粉飾太平，實在看不出中國政府公布這份二〇二〇年三月PMI暴跌的數據，究竟是為了什麼？當時正是新冠疫情爆發，中國飽受批評之際，實在很難相信這份負面數據是竄改過後的結果。

　　我由此判斷「中國的PMI數字比GDP值得信賴」。

美國的GDP成長率（最近10年）

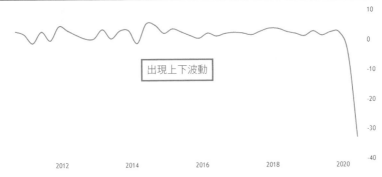

出現上下波動

出處：tradingeconomics.com

中國的GDP成長率（最近10年）

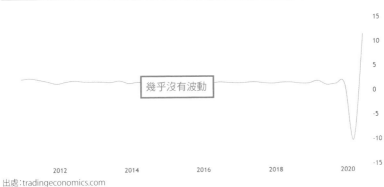

幾乎沒有波動

出處：tradingeconomics.com

summary
**中國的GDP不可相信，
PMI可信度倒是很高。**

73

¥ 兩個數據掌握
日本經濟現況

Understanding the Japanese economy with 2 types of Data

在日本經濟數據中，PMI相當重要。日本的計算方法是針對數百間公司的採購經理人調查景氣狀況，再加以統合。美國也採用相同方法。

誠如第一七○頁所說，PMI數值持續高於五十，代表景氣復甦；相反地，持續低於五十即為景氣緊縮。

二○二○年六月日本製造業PMI的數據為「四十點一」，與雷曼兄弟事件相較，數值算是高的。

另一方面，美國非製造業PMI很接近雷曼兄弟事件爆發的時候，製造業與非製造業的數據雖然有所不同，但趨勢是一樣的。從這一點來看，兩者的差異令人玩味。

日本的「製造業PMI」（最近15年）

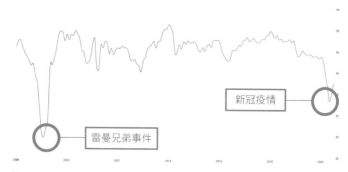

新冠疫情

雷曼兄弟事件

出處：tradingeconomics.com

我想介紹另一個數據，亦即GDP成長率。根據二○二○年第一季（一到三月）的數據為負百分之零點六，與雷曼兄弟事件相較，這個結果並不嚴重。

各位不要誤會，我的意思並不是「新冠疫情的影響很小」，還是有許多人遭到衝擊，生活陷入困境。我只是想告訴各位，「應該觀察實際數據，再從歷史脈絡判斷。」

光看數據資料，新冠疫情的衝擊不如雷曼兄弟事件。尤其是二〇二〇年六月的日本，經濟衝擊不像美國那麼嚴重。

本書出版後，風向可能已經改變。但無論在什麼情形下，都不要完全接受媒體的報導，自行搜尋「PMI」與「GDP成長率」，正確掌握日本的經濟狀況。

日本的GDP成長率（最近25年）

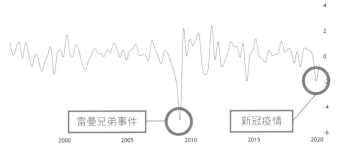

SOURCE: TRADINGECONOMICS.COM | CABINET OFFICE, JAPAN

出處：tradingeconomics.com

summary 與美國相較，日本經濟
受新冠疫情衝擊的影響較小。

74

¥ 正確分析不履行債務

Understand the meaning of Default

二〇二〇年五月二十二日，阿根廷陷入了第九次不履行債務（Default）危機。

日本媒體也認為事態嚴重，大肆報導，但我有不一樣的看法。

首先，我希望各位了解「阿根廷發生不履行債務問題並非罕見狀況」。其實早在事情爆發的兩天前，也就是五月二十日新聞就已經曝光，當時我認為「問題不嚴重」。

原因為以下三點：

一、不支付國債利息的金額「約為五億美元（五百四十億日圓左右）」，從政府借款的總金額來看，這個金額相對較小。

二、在爆發不履行債務之前，阿根廷經濟部宣布「重組」大約六百六十億美元（七兆一千億日圓）國債。隔天媒體預測這次不履行債務的金額較小，就是因為在此之前已經大幅減債。

所謂的「債務重組」，指的是當債務人無力償還，需與債權人重新談判還款條件。例如以提高利息的方式交換延長還款期限的提議，進行各種協商。

三、阿根廷從一八一六年獨立以來，這是第九次不履行債務。由於前面已經發生多次不履行債務，因此這次的危機並不嚴重。

重要的是，該如何看待阿根廷市場？不僅日本民眾不了解這一點，許多海外民眾也不清楚。我曾經做過好幾次阿根廷匯兌，詳情請參考下一節內容。

未來一定會經常爆發這類新聞，建議各位學會分析新聞的方法，對你非常有幫助。

　　不只是阿根廷，許多國家也偶爾會有不履行債務的問題。可能有些讀者還記得，希臘也曾經陷入債務危機，不履行債務。

　　華爾街還流傳一則笑話：「氣候溫暖的國家容易發生不履行債務的危機。」

　　阿根廷以外的東南亞和南美洲國家未來也可能陷入不履行債務危機，事先了解這類情形發生時，市場會如何反應，對於你的投資行為是很有幫助的參考資料。

summary

**媒體報導不要照單全收，
應自行分析判斷。**

先確認金融市場數據而非新聞報導

For economic news, first observe the impact of Financial Markets

當全世界驚爆「阿根廷不履行債務」這條大新聞，我第一個做的動作，就是了解「股票市場和外匯市場如何反應」。在看新聞之前，必須先熟記客觀數據。

市場反應可以幫助我判斷這條新聞是否真正重要。

之後我再閱讀相關的媒體報導。如果我一開始就看新聞報導，肯定會誤以為這是天大消息、頭條新聞，白白浪費我的時間。正因如此，第一時間一定要先看市場反應。

話說回來，與其他先進國家比起來，阿根廷的經濟規模（股票市場）並不大。那麼，我們該看哪個市場才好？

阿根廷最大的市場之一是「外匯市場」，首先要看的是阿根廷披索的匯率趨勢。

USDARS代表「分子為美元」、「分母為阿根廷披索」，也就是美元兌換成阿根廷披索的匯率。這條線型往上漲，代表美元變貴，阿根廷披索變便宜。

先確認長期線圖，就會發現二〇一三年以後阿根廷披索陷入谷底。

二十年前一美元兌一披索，如今一美元兌七十披索。這代表阿根廷披索的價值只剩美元的七十分之一。

檢視USDARS（美元／阿根廷披索）的長期線圖

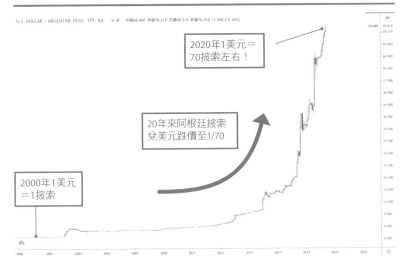

出處：Trading View https://jp.tradingview.com/

　　阿根廷披索跌價的原因雖然也和經濟問題有關，但不履行債務的影響甚鉅。此外，報章媒體也經常報導阿根廷政府瀆職貪汙的醜聞，給外界留下不好的印象。

　　更令我感興趣的是阿根廷政府的債務究竟如何。從GDP比率來看，如今雖然恢復九成，但若與過去二十五年相較，復甦程度還不到頂峰。

　　頂峰是二〇〇二年的百分之一百六十七。
　　回顧那個時候的線型，從一美元兌一披索，下滑至一美元兌三點八披索。阿根廷披索的價值下跌了七到八成。

由此可見，政府債務的規模與外匯市場緊密相連。

債務減少有助於維持穩定的外匯市場，通常「債務增加會影響外匯」，各位務必謹記這一點。

阿根廷 — 債務佔GDP的比例

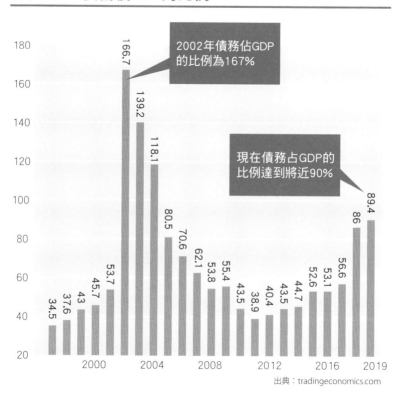

出典：tradingeconomics.com

2002年美元兌阿根廷披索匯率走勢

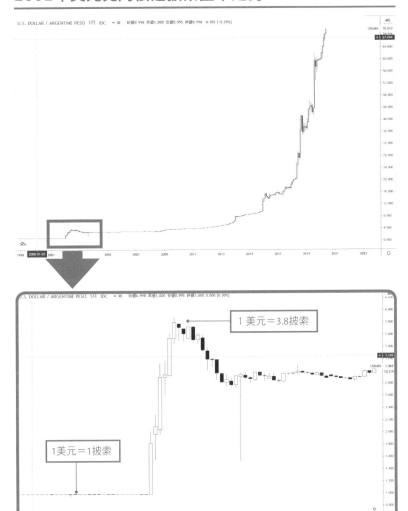

出處：⚛Trading View https://jp.tradingview.com/

summary

在股票市場規模較小的國家，
要注意外匯趨勢。

76

關注債務佔GDP的比例

Measure Government Debt as a percentage of GDP

　　從阿根廷的例子即可得知，我們必須時常關注債務佔外匯與GDP的比例。

　　重點在於GDP比例。由於各國的經濟規模不同，如果只看政府債務金額，完全無法比較。因此，一定要看「Debt to GDP（債務佔GDP的比例）」。

　　話說回來，日本的債務佔GDP比例究竟如何？

　　事實上，在一百九十五個國家中，日本政府債務佔GDP比例是最高的。這與阿根廷不履行債務問題是兩回事，但遲早有一天會演變成重大問題。

日本 — 債務佔GDP的比例

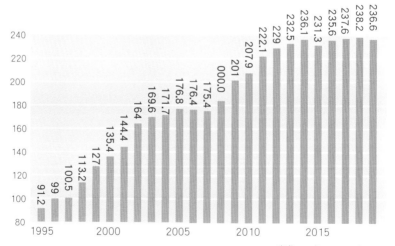

出處：tradingeconomics.com

說到「政府債務是個大問題」，相信許多人對會對此大肆批評。

在我的認知裡，「政府債務與消費稅掛鉤才是問題所在」。

綜觀過去歷史，每次出現貨幣危機，政府債務的問題就會浮上檯面。而且貨幣危機通常也會導致股票市場暴跌。

容我將話題拉回到阿根廷。

阿根廷發生不履行債務問題時，股票市場又是如何反應的？「阿根廷指數」（MERVAL Index）是阿根廷知名的股價指數，觀察線型即可發現，股價指數上漲，匯率卻一直在低點，若以美元計價，股市的實際價格並不高。

阿根廷的股價指數「阿根廷指數」的變化

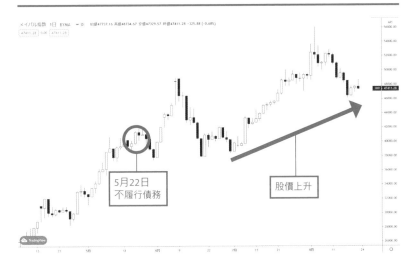

出處：Trading View https://jp.tradingview.com/

阿根廷披索的匯率比美元低，即使持有阿根廷的土地和股票，也不具有國際價值。

　　當本國貨幣大幅跌價，在他國市場就無法像以前一樣運用，這就是所謂「不利進口的狀態」。

　　從阿根廷的例子我們可以得知，只看現在的股票市場和不動產市場的動向，無法了解該國狀況。政府債務佔GDP的比例愈高，將來就愈容易出現貨幣危機，股票市場很可能下跌。建議各位應經常關注政府債務佔GDP的比例與匯率動向。

summary　　**貨幣價值愈低，即使股價上漲**
也無法成為有錢人。

77 保障不履行債務風險的「CDS」動向值得注目

Watch the CDS market, which measures the insurance rate for default

金融市場有許多與不履行債務有關的金融商品，「CDS」（Credit Default Swap／信用違約交換）是其中之一，我想推薦給大家。可能大多數讀者不知道，CDS是一種保險商品。

我們投保人壽險的時候，每年都要繳保費，CDS的道理也一樣，它是對「債券的信貸違約（不履行債務）進行支付的保險」。

簡單來說，遇到信貸違約的情形時，CDS就會支付保險金，彌補損失。

阿根廷債券也有CDS市場，投資者在投資三到五年期的債券時，如果發生信貸違約，就由CDS持有人（賣方）支付保險金。

從阿根廷CDS的價格來看，二〇一九年上漲得很厲害。同時期債務佔GDP的比例上升，貨幣價值下跌。這些動向都與CDS連動。

有鑑於此，在阿根廷政府宣布不履行債務的那一天，也就是五月二十二日，首先要關注的是CDS。

有時候CDS市場一開始就有反應，但阿根廷不履行債務那一次，CDS市場完全沒有動靜。

在二十二日宣布不履行債務之前，阿根廷經濟部十九日發表債務重組，不履行債務的新聞也開始出現。

換句話說，市場精準預測到阿根廷要走不履行債務這步棋。

今後若再出現不履行債務的新聞，我們應該要看哪些數據或資料？我認為未來會爆出許多不履行債務的事件，希望各位記住以下重點。

我建議大家要看一、「貨幣匯率的變動」，這是出現國家的不履行債務事件時要注意的重點；二、如果是公司的不履行債務事件，請注意「股價」或「該公司發行的公司債價格」。

第三則是CDS市場。請各位務必看這三大重點，觀察市場如何反應。

之後再看新聞報導。

這個順序相當重要。先看市場反應，從一開始就知道新聞內容是否重要，媒體報導的事件是否需要關注，不會浪費任何時間。

發生不履行債務這樣的大事時，請務必按照我說的順序搜集資訊。

summary 發生不履行債務時，
要觀察貨幣與CDS的動向。

阿根廷的五年CDS價格變化

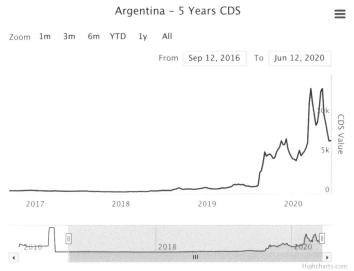

出處：worldgovernmentbonds.com

阿根廷不履行債務發生前後的CDS動向

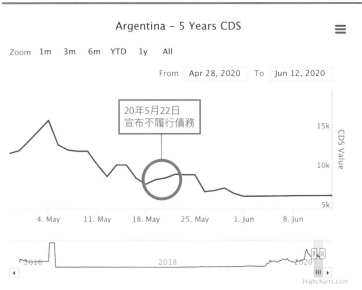

出處：worldgovernmentbonds.com

習慣

前幾章我為各位介紹全世界有錢人實踐的財富倍
增法，本章重點是「難以歸類卻是成為富豪的重
要關鍵」，詳細解說搜集英文資訊的方法、管理
時間的方法以及省時省力的小秘訣。

78

看英文新聞提高資訊素養

Increase your Information Literacy by learning English

我每天早上都會看許多英文新聞。

一開始先看《日本經濟新聞》，了解日本的新聞，確認最新資訊、商業脈動、政治、經濟狀況。

接著我會看《彭博社》的市場數據，掌握市場現況。之後再看該網站的其他新聞。重點在於先看全世界的股市、商品、外匯等數據，再看新聞。

結束之後，再繼續看《經濟指標》、《市場觀察》、《CNBC》。

接著是《金融時報》、《華爾街日報》、《華盛頓郵報》、《政客》（政治新聞）。我還會看其他新聞網站，但上述這些都是我每天會看的。

新聞網站瀏覽順序

順序	網站名稱	URL
1	日本經濟新聞	https://www.nikkei.com/
2	彭博社	https://www.bloomberg.com/
3	經濟指標	https://jp.tradingeconomics.com/
4	市場觀察	https://www.marketwatch.com/
5	CNBC	https://www.cnbc.com/world/?region=world
6	金融時報	https://www.ft.com/
7	華爾街日報	https://www.wsj.com/
8	華盛頓郵報	https://www.washingtonpost.com/
9	政客	https://www.politico.com/

可能各位會感到驚訝，覺得「難道每天都要看這麼多資料嗎？」。

事實上，我並非所有新聞都看。我會先看標題，遇到感興趣的新聞再細讀。

長久下來，就能學會光看標題即可掌握當天脈動的功夫，對照各家新聞內容，也能看出「不同媒體的特性」。

對於某家媒體寫的某些標題也能產生敏銳度，發現苗頭不對就能多加查證，看出報導的弦外之音。

關鍵是要養成習慣，堅持下去。

每天看這麼多新聞持續半年、一年之後，不僅能慢慢掌握各家媒體的報導特性，遇到特定問題的時候，也知道該搜尋哪家媒體的報導。持續幾年之後，還能舉一反三，與過去新聞連結，預測「接下來的情勢發展」。

堅持下去的重點是「不要趁空檔做這件事，請在每天固定的時間看新聞」。

可以選在早餐時間，或是坐車上班的通勤時間，請務必在日常生活中，建立完整的「看英文新聞」時間帶。

summary

**先看市場數據，再看新聞，
就能提升搜集資料的效率。**

79

學英文就能變成有錢人？

Learning English will help you make money?!

　　根據國際大型會計師事務所資誠聯合會計師事務所（PricewaterhouseCoopers，簡稱PwC）公布的全球時價總額百大公司（二○二○年三月）統計資料，擠進前五十名的日本企業只有一家，那就是排名第二十九名的豐田汽車（TOYOTA）。

　　名列前茅的公司大多是美國、歐盟與中國企業。

　　儘管如此，我並非鼓勵大家投資這些時價總額高的企業。

　　我想說的是，全球時價總額高的企業大多使用英文，世界上大多數金融系統也採用英文架構。股票、債券、商品等，幾乎所有事長行情都以英文解說分析，美元計價的ETF都與美國市場連動。原因很簡單，因為美國的金融市場是全球規模最大的。此外，研究公司決算書時，必須具備英文能力。

　　總的來說，英文是倍增財富不可或缺的能力。

時價總額排行榜

排名	企業名稱	國名	排名	企業名稱	國名
1位	沙烏地阿拉伯國家石油公司	沙烏地阿拉伯	7位	臉書	美國
2位	微軟	美國	8位	騰訊	中國
3位	蘋果	美國	9位	波克夏・海瑟威	美國
4位	亞馬遜	美國	10位	嬌生	美國
5位	字母控股	美國			
6位	阿里巴巴	中國	29位	豐田汽車	日本

我一直希望日本的金融制度可以更強健、更公平，舉例來說，日本稅制對大多數日本人不利，可是許多人都沒發現。

如果你懂英文，就能與外國比較，察覺「日本制度不合理的地方」。

了解全世界就能擴展自己的天地，自然學會倍增財富的方法。

不要仰賴日本媒體的報導，親自了解美國現任聯邦準備理事會主席鮑爾（Jerome Hayden Powell）的發言，以及美國總統說的話，這一點相當重要。

此時要注意的不是對方「說什麼」，而是對方「怎麼說」。音調的強弱也會改變一句話給人的印象，正因如此，我們一定要親自了解第一手報導。

儘管我在英文環境裡生活超過二十年，但我長期聽媽媽和其他人說日文，加上住在波士頓的時候，有時蹺課仍堅持去補習班學日文，所以我現在會說一些日文。

我希望各位可以開始鍛鍊英文聽力，也要盡早讓孩子接觸發音正確的英文。

想學英文的人，請務必收看我的兩個YouTube頻道《Dan Takahashi》與《高橋丹》，我的節目分成日文版和英文版，分別在不同頻道播出。可開啟隱藏字幕，就能一邊學英文，同時吸收全球資訊。

summary
**投資的必要資訊不要依賴日本媒體，
直接查看英文報導更精準。**

80

提高英文能力的
「谷歌翻譯工具密技」

Increase your English skills with Google Translate Tool

「我想提升英文能力，直接看英文新聞。」

相信這是很多人的心願，懂英文就能看更多資料，也能找出日本媒體的問題，我十分鼓勵各位學英文，提高英文能力。

不瞞各位，差不多就在一年之前，我的日文非常差。不過，我用了一個方法，讓我的日文能力在短時間內提升到小學程度。我想跟各位分享，希望各位可以從中找到適合你的方法，以後也能閱讀英文新聞。

首先，請各位善用谷歌的翻譯工具。各位可以在自己的電腦、手機、平板等電子工具下載並安裝應用程式（請參照第一九六頁），完成前置作業。

接下來瀏覽新聞報導，一開始可以先用日文讀一遍，再用英文讀一遍。簡單來說，就是「先在日文新聞網站瀏覽所有的金融與經濟新聞，理解日文（母語）的意思後，再看英文報導」。

和之前介紹過的方法一樣，以「標題」篩選英文報導，遇到自己感興趣的新聞再點進去看。

建議各位選擇短文類新聞網站，瀏覽標題和內文。

長文容易讓人看到一半就不想看，即使想看完，也要花許多時間翻譯，浪費更多時間才能真正理解。

符合這個條件的媒體中，我推薦各位瀏覽《CNBC》新聞網。

　　CNBC是美國公司，目標客群不是專業人士，而是一般民眾，因此文章通常不長。此外，英國的《金融時報》也有許多短文報導，推薦給大家。各位不妨先上這些網站，從標題開始看起。

　　在瀏覽新聞的過程中，如果遇到看不懂的詞彙，就使用翻譯工具，重點在於「從動詞開始記起」，「上漲」、「下跌」等顯示動向趨勢的詞彙就是動詞。

　　假設你在CNBC看到了「Treasury yields rise slightly as jobless claims top 2 million last week」這則新聞，關鍵字是「Treasury」、「yields」與「rise」。

　　在這則新聞中，rise是動詞，「Treasury yields rise」的意思是國債收益率上漲，建議各位以動詞為重點學英文。

CNBC新聞範例（2020年5月18日）

summary　善用《CNBC》與《金融時報》的新聞標題
提升英文能力！

81

翻譯工具的用法

How to use Google Translate

瀏覽英文網站時,翻譯工具是很有用的小幫手。

只要複製標題,貼在Google翻譯上即可,其實還有其他方法可以更快完成翻譯。其中之一就是Chrome瀏覽器的擴充功能,使用方法如下:

❶ 在Chrome 線上應用程式商店搜尋「Google翻譯」

❷ 選擇「加到Chrome」

❸ 將「Google翻譯」釘選至工具列

如此就能開始使用Google翻譯。以滑鼠選取想要翻譯的英文片段,就會出現「Google翻譯」的圖示,點選該圖示就會自動翻譯。或者選取想要翻譯的部分,再點選工具列右上方的「Google翻譯」,也能完成翻譯。

在Chrome 線上應用程式商店搜尋「Google翻譯」

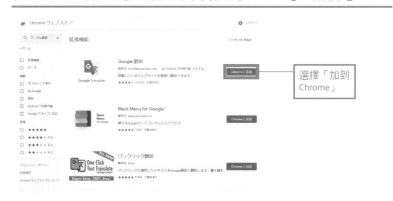

CNBC新聞範例

翻譯

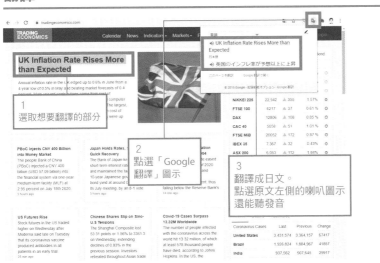

 summary 翻譯工具的使用頻率很高，
請事先設定好，之後就很方便。

82

不可不知的
金融相關英文單字
English Financial vocabulary you should know

新聞報導使用各式各樣的動詞，讀者可以從動詞得知價格是上漲還是下跌。

有一些動詞不偏向任何一邊，屬於中立用詞，但報紙的目的是要賣給讀者，所以一定會使用較為激烈的詞彙，通常會用帶有上漲或下跌意思的動詞。

各位不妨準備一本筆記本，將經常出現的單字，分成「代表上漲之意」、「代表下跌之意」兩大類記錄下來。亦可使用智慧型手機或平板記錄管理。

此外，瀏覽新聞報導時會出現許多不可忽略的重要詞彙。

舉例來說，「Stock Equity」是經濟、金融、股票、政治等領域的重要詞彙，「Stock」是股票的意思，「Public Stock」是「上市股票」；「Private Stock」是「未上市股票」。右頁統整了「債券」、「商品」、「不動產」、「市場」等領域，應該要事先學習記住的詞彙。

如果遇到不懂的名詞，我會以螢幕擷取的方式存取下來，趁著搭電車的空檔溫習。每天十分鐘，堅持下去，慢慢就懂了。

經濟新聞的重要單字

代表上升的詞彙

climb
surge
increase
rally

代表下降的詞彙

crash
decline
fall

與股票有關的詞彙

Stock Equity	股票
Public Stock	上市股票
Private Stock	未上市股票

與債券有關的詞彙

Bond	債券	Government Bond、Treasury	國債
Fixed	固定	Corporate Bond、Credit	公司債
Income	利息		
Debt	債務		
Loan	融資		

與商品有關的詞彙

Commodities	商品
Metals	金屬
Precious metals	貴金屬
FX、Currencies、FOREX	外匯

與不動產有關的詞彙

Real Estate、Property	不動產
Commercial	商業用
Residential	住宅用
Industrial	工業用
Logistics	物流

與市場有關的詞彙

Developed Market	已開發市場
Emerging Market	新興市場

summary

記住與經濟有關的名詞，
是理解新聞標題的第一步。

83

與平時不說話的人聊天

Talk to new people whom you usually do not speak with

有效運用時間的重點在於，不重複做同一件事，簡單來說，就是要讓時間的運用方式更加精采。為了達成這個目的，盡可能接觸更多人也是一個好方法。

人與人的接觸分很多層次，我以洋蔥來比喻，方便各位理解。

你是洋蔥的芯，你身邊包覆著一層層家人與親友，外面還有一層是「與工作有關的人」。

再外面則是「我知道，但不是朋友，也與工作無關的人」。

一般來說，最接近自己的人不到十人。愈往外，人數愈多，從二十人、五十人，增加到一百人。

大多數人都與最內層的人頻繁接觸，久而久之便發現自己「每天幾乎都跟同樣的人相處」，得到的資訊也差不多。

另一方面，多與各種不同類型的人說話交流，可讓自己獲得的資訊多樣化，建立穩固的資料庫，有助於提高人生的成功率。

根據全球最大顧問公司麥肯錫（McKinsey & Company, Inc.）的統計數據，當一個人的特質愈豐富，愈能在工作上創造超越業界平均值的好成績。瑞士信貸集團（Credit Suisse）也做過相同調查。從其他不同的調查中，也能發現多樣性有助於提升時間管理效率的結果。

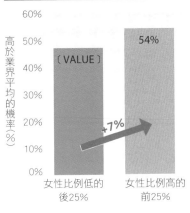

社會性別女性比例與業績

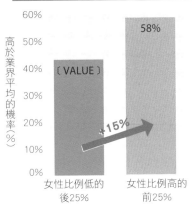

外國人（文化）多樣性與業績

資料：McKinsey & Company, Diversity Matters, 2015
出處：日本經濟產業省經濟產業政策局經濟社會政策室「與多樣性相關的各種調查」（2016年）

　　如果我們每天都與同樣的人，在同樣的時間做同樣的事情，我們很可能每天都過著同樣的生活。我們的好友或是個性與自己相近的人，想法很可能都類似，難以獲得新的資訊。和家人、朋友聊天的時候，如果成員都是同一群，討論的話題難免都一樣，改變這一點相當重要。

　　一天只有一次也沒關係，建議各位找平時很少交談的人說說話吧！例如職場上平時不太說話的同事，不妨主動與他交談，說個十分鐘也好。如果覺得很難，只聊一分鐘也可以。

　　與不同人說話可以增加我們的想像力，擴展我們的世界，也能獲得新的意見與觀念。在我親身實踐的時間管理法之中，這是最簡單的方法。

summary
**有效管理時間最簡單的方法，
就是和平時沒有交流的人說話。**

84

全球成功人士
週末都在做這件事
What do Successful people do on the Weekends?

　　為了有效運用時間，最應該避免的事情就是「工作過度」。大多數全球成功人士最重視的都是「工作與生活的平衡」。

　　各位都以為愈成功的人愈忙，究竟他們是如何維持工作與生活的平衡呢？根據某項調查顯示，成功人士最常在週末做的事情如下：

・ 讀書
・ 和家人一起度過時光
・ 健身
・ 吃好睡好

　　除此之外，我認為第七名的「學習新事物」也很重要。即使是不感興趣的書，不妨讀五分鐘，或許你也會有新發現。

　　第八名的「鑑賞自然」也是重點。尤其是天天盯著電腦和手機螢幕的人，最好刻意空出時間欣賞大自然美景。

　　第九名是「享受一個人的時光」。空出時間好好放鬆，專注在自己熱衷的事物上，是很重要的事情。

　　我不懂得如何區分工作與生活，最後總是過度工作。我自己也知道，我的大腦隨時都在運轉，停不下來。有時候我的身體追不上大腦的腳步，容易感到疲累。

成功人士週末都在做的事

1	閱讀
2	和家人度過
3	運動
4	培養興趣
5	吃得好
6	早點睡
7	學習新事物
8	鑑賞自然
9	享受一個人的時光

出處：ライフハック

工作過度反而無法有效利用時間，關於這一點，我個人有切身之痛。

各位請務必參考成功人士度過週末的方法，不要過度工作，浪費時間。

為了避免變成工作狂，我會在Google日曆上註明「請休息」，提醒自己。

為了有效利用時間，不只是開會這類工作行程，我將所有行程都記錄在Google日曆上，還依照重要性以不同顏色區分。如此一來，我只要看一眼就能掌握狀況。

此外，從事定期定額投資的投資人，不妨每個月在固定日期扣款，購買ETF，並將日期標註在Google日曆上。事先將所有行程記錄下來，可以避免自己忘記，減輕壓力。

summary
將休假日記錄在Google日曆上，避免自己過勞。

85

不做這三件事就能
避免增加壓力

3 ways to decrease your stress level

我們每天都承受各種壓力，若能想辦法減輕壓力，不僅可以減少失誤，也能有效利用時間。

根據我的經驗，只要做三件事就能充分宣洩壓力。

第一，保暖身體。我在華爾街工作的時候，每間辦公室的冷氣都開得超強，待在裡面就覺得冷。身體一冷，血液就會聚集在頭部，工作時感覺更專注。在華爾街工作的人發現這件事，於是便將辦公室空調溫度設得較低。

不過，若身體持續發冷，血液循環就會不良，很容易生病。這樣的狀態也會讓人感受到更大的壓力，想要盡可能降低壓力，就要讓身體保持溫暖。

自從開始注意身體保暖，我的壓力減輕不少，身體狀況也逐漸改善。只要早上起床時發現身體狀況不好，我會沖熱水澡兩分鐘。

第二，身體微恙時避免聽喧鬧吵雜的音樂。相信許多人會聽音樂讓自己放鬆，事實上，聽了古典樂之後，壓力會比聽之前減輕許多。

不過，有些人會聽重金屬這類充滿刺激性的音樂宣洩壓力。我自己很喜歡重金屬，也經常聽，唯有身體不好時絕對不聽。此外，也要避免聽悲傷的音樂。音樂與壓力緊密相關，各位請務必考量自身的身體狀況，選擇最合適的音樂。

第三，不要害怕失敗。我走遍全世界，深深感受到日本是最不允許失敗的國家。一旦害怕失敗，所有人就會往相同方向前進。但如果這個方向是自己不擅長的，反而會給自己太大壓力。好好環顧四周，朝自己擅長的方向前進，這一點很重要。能讓人相信自己，減輕壓力。

我的個性果斷，行動力強，剛出社會時選擇成為證券交易員，但我很不擅長執行需要花時間累積成果的企劃，也沒有時尚敏銳度，因此同一款衣服我會買十件，每天都做一樣的打扮。我不怕失敗，挑戰自己擅長的事物有助於減輕我的壓力。

歡迎各位參考以上三件事，減輕你的壓力吧！

絕對不能做的三件事

1　讓身體虛寒
2　身體微恙時聽喧鬧吵雜的音樂
3　害怕失敗，與大家做同一件事

summary
減少壓力就能湧現自信，
更容易成功。

86

節省最大支出的「居住費」，達一舉兩得之效

Saving on housing expenses is very beneficial

相信不少人都在煩惱存不了錢，其實存錢很簡單，只要增加收入、減少支出即可。

我的父母並非有錢人，他們從小就嚴格教育我如何用錢。我從小就養成不浪費錢的習慣。

接下來我為各位介紹幾個個人的習慣。

根據美國統計的每月個人支出明細資料，最大佔比的支出是居住費，也就是房租或房貸。

這一點在歐盟和英國也一樣。我前往各國旅居時，喜歡用Excel計算支出明細，結果發現支出比例最大的就是居住費。

美國個人支出明細

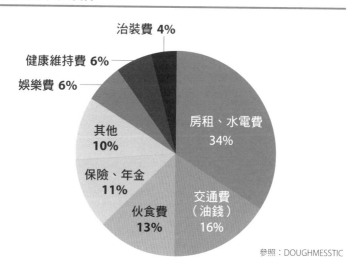

治裝費 **4%**
健康維持費 **6%**
娛樂費 **6%**
其他 **10%**
保險、年金 **11%**
伙食費 **13%**
房租、水電費 **34%**
交通費（油錢）**16%**

參照：DOUGHMESSTIC

歐洲人的個人支出比例

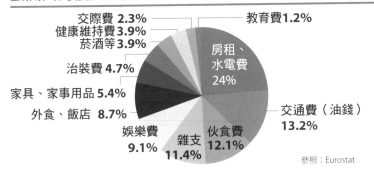

交際費 2.3%
教育費 1.2%
健康維持費 3.9%
菸酒等 3.9%
房租、水電費 24%
治裝費 4.7%
家具、家事用品 5.4%
交通費（油錢）13.2%
外食、飯店 8.7%
娛樂費 9.1%
雜支 11.4%
伙食費 12.1%

參照：Eurostat

　　建議各位一定要想辦法擁有自己的房子，買房子有助於存錢。

　　以日本為例，只是離車站一段距離的房子，房租就比車站旁的房子便宜許多。有些人可能會覺得住在離車站較遠的地方，會浪費許多時間通勤。

　　假設房子距離車站從原本的五分鐘，拉長到十五分鐘，確實會增加走路到車站的時間。但換個角度來看，「多走路有助於維持健康生活」，既可壓低房租，又能變健康，可說是一舉兩得。

　　我也搬到離都心車站走路十分鐘的地方住，雖然住在車站旁邊很方便，但離車站遠一點可以節省房租。

　　綜觀世界各國的數據，居住費也佔很大的比例。降低居住費用的成本就能有效節省開支。

summary

**住在離車站有段距離的地方，
可以節省居住費用，還能變健康。**

87

網路購物的意外效果

Online shopping can be quite effective

　　輕鬆節約的第二個方法，是善加利用網路購物。受到新冠疫情影響，可能大家都已經改用亞馬遜或樂天等網站購買所需物品，我希望這不是暫時的行為，而是可以持續下去的習慣。

　　從全球數據來看，消費者使用網路購物最大的原因是「價格便宜」，也有其他調查指出，方便性是消費者喜歡網路購物的理由，但價格便宜也是榜上有名的好處之一。事實上，幾乎所有調查結果都認為「網路購物比較便宜」。網路購物雖然有時要支付運費，但一般來說，運費並不高。

　　網路購物還有其他優點，包括可以比較各網站的商品價格。

　　不浪費時間也是優點之一。不可諱言的，到實體店面購物也有其優點和樂趣。購買寵物用品時，到實體店面可親自確認商品是否合用。不過，如果是回購商品就沒必要查看實物。

　　我喜歡吃納豆、味噌和豆腐，通常都買固定品牌。由於知道自己的身材尺寸，在網路上購買襪子和襯衫這類用品時，也能不費吹灰之力，迅速放入購物車裡結帳。

　　若到實體店面購物，會看到琳瑯滿目的商品；若利用網路購物，在購買之前早就決定好要買什麼，因此會專注在該買的物品上。也就是說，只買必需品的機率比較高。

美國人在「實體店面與網路商店」的購物行為調查

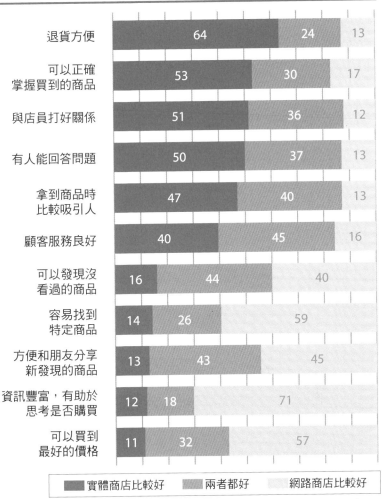

項目	實體商店比較好	兩者都好	網路商店比較好
退貨方便	64	24	13
可以正確掌握買到的商品	53	30	17
與店員打好關係	51	36	12
有人能回答問題	50	37	13
拿到商品時比較吸引人	47	40	13
顧客服務良好	40	45	16
可以發現沒看過的商品	16	44	40
容易找到特定商品	14	26	59
方便和朋友分享新發現的商品	13	43	45
資訊豐富，有助於思考是否購買	12	18	71
可以買到最好的價格	11	32	57

■ 實體商店比較好　■ 兩者都好　□ 網路商店比較好

參照：marketing charts

summary

**網路購物價格便宜，
還能節省時間。**

美國人退休費用
需要七千四百萬日圓！

US Retirement requires ～$740k in savings!

你知道人生中最大的支出是什麼嗎？根據美國的統計資料，「退休後的開支」為最大宗。

美國人一生的平均支出

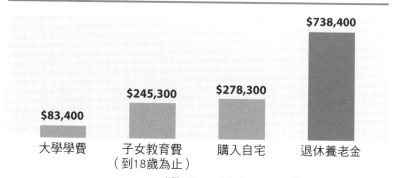

$83,400
大學學費

$245,300
子女教育費
（到18歲為止）

$278,300
購入自宅

$738,400
退休養老金

參照：Finances in Retirement: New Challenges, New Solutions

日本大約一年前曾經統計過，「退休後需要準備兩千萬日圓養老金」，在當時掀起一陣討論話題。在美國，退休後的生活支出總計為七十三萬八千四百美元（大約為七千四百萬日圓／引自二〇一六年「USDA／消費者支出調查數據」）。雖是日本的好幾倍，但這類數據的結果會因計算方式大不相同，因此媒體資訊絕對不能照單全收。

姑且不論金額多寡，退休後確實需要一筆養老金。換句話說，只要解決養老金問題，就能消除大多數的金錢煩惱。

儲蓄是籌備退休養老金的必要方式。根據二〇一九年的資料，幾乎所有人從年收入拿出來儲蓄的金錢佔比不到一成，這項結果頗令人驚訝。

美國人為了因應退休和緊急狀況
將年收入的多少比例拿出來儲蓄？

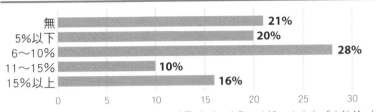

參照：Bankrate's Financial Security Index, Feb.16-March 3

美國人「對於金錢的哪項安排感到後悔？」

參照：Bankrate's Financial Security Index, May4-7 2017

　　不僅如此，只有極少數的人將存下來的錢拿去投資。不只是日本，全世界國家都必須加強實施投資教育才行。如今世界各國政府都借了龐大債務，未來公家機關的退休金（年金）問題將成為燙手山芋。

　　順帶一提，根據美國針對國民進行的調查，問他們對於金錢的哪項安排感到後悔，最多人感到後悔的是「沒有為退休生活準備足夠的錢」。

summary 　　**不要依賴退休金（年金），**
自己存養老金才有保障。

89

最大的浪費就是不投資！

The biggest wasteful spending is Not Investing!

話說回來，該如何存夠養老金？

答案很簡單，「定期定額投資」。

定期定額投資只要每個月付出一筆小錢，長期下來就能存下一大筆積蓄。重要的關鍵在於愈早開始愈好。

若要存下一千萬日圓（約十萬美元），必須思考「需要花多少時間」、「需要多少投報率才夠」。假設每個月投入一萬日圓左右（一百美金）進行投資，每年投報率約為百分之八，再將賺到的錢繼續投資，只要二十五年就能達成目標。

我認為每個人每個月都能從支出中省下一萬日圓，並將一萬日圓拿去投資。假設每個月投資一萬日圓，投報率為百分之八，只要二十五年就能存下一千萬日圓。

各位或許會覺得「這個投報率太高，不可能做到」，這個想法並沒有錯。

觀察美國最具代表性的股價指數S&P500的過去資料，一八七一年以後的平均成長率為百分之九到十一左右。

也就是說，過去光是買入並持有美國股票，就能得到百分之九到十一左右的投報率。

既然如此，股價下跌時就增加持股，上漲時就獲利了結，這是落袋為安最好的方法。若懂得看線型抓趨勢，一到兩成的投報率不是夢。

我相信有很多人「討厭投資」，可是，每個人都需要錢。從結果來看，即使完全不操作，買入股票後一直拿在手中，也有機會獲得百分之九到十一左右的投報率。

無須過度恐慌。

大多數日本人都把錢存在銀行裡，現在的銀行利息相當低，趨近於零。為什麼會有這個現象呢？我可以肯定，沒有學過投資方法絕對是原因之一。由於不知道投資方法，即使嘗試了也容易失敗，失敗後就「不想再繼續投資」。

自己不投資，看到身邊的人也不投資就會感到放心，這是日本人的民族性，也可以說是社會整體的失敗。

最大的浪費就是不投資！

我在自己的YouTube頻道分享投資方法，請各位務必參考我的影片。

S&P500的年平均成長率

From	To	No Inflation	With Inflation
1871	2019	9.04%	6.82%
1891	2019	9.49%	6.53%
1911	2019	9.94%	6.61%
1931	2019	10.51%	7.00%
1951	2019	10.78%	7.13%
1971	2019	10.46%	6.32%
1991	2019	9.73%	7.31%
2011	2019	14.65%	12.93%

出處：THE MONEY WIZARD

summary

**每個月定期定額投資一萬日圓，
任何人都能在二十五年後存下一千萬日圓。**

結語

　　人稱投資之神的華倫‧巴菲特是我尊敬的投資家之一，我從巴菲特身上學到很多，以下這句話是其中之一：

　　「複利是世界上的第八大奇蹟，了解複利的人就會得到複利；不了解複利的人就會付出複利。」

　　複利指的是利滾利的效果。以投入一百萬日圓、投報率百分之五為例，一年的獲利為五萬日圓。

　　隔年再連本帶利，將一百零五萬日圓全部拿去投資，再創下百分之五的投報率，第二年的獲利為一百零五萬日圓乘百分之五，也就是五萬兩千五百日圓。持續十年之後，一千萬日圓就能增加至大約一千五百五十三萬日圓。

　　假設投報率不變，實際拿到的獲利也會變多。這就是複利效果。投資期間愈長，複利效果愈高。

　　正因如此，想要充分發揮複利效果，愈早投資愈好。

　　希望各位參考本書，早一步起跑，如此一來，你也能朝有錢人的方向前進。

　　投資最重要的就是別害怕失敗，我在書中已多次強調，日本社會不允許失敗，實在令人遺憾。

　　投資不可能不失敗。我在華爾街工作時也曾造成極大損失，都是因為我在事情剛發生的時候不肯停損，才會導致嚴重的後果（請參照第三七頁）。

我的人生導師教導我「想成為有錢人要學會失敗的方法」。小小的失敗只會造成小小的損失，從失敗中學到的教訓可以運用在下一次的投資上，把上次的失敗挽救回來。

請你也務必學會如何失敗。

最後我想說，本書是在許多人的努力與支持下才能出版。衷心感謝實現這次企劃的出版編輯部庄子鍊、協助撰文的作家向山勇，以及幫我確認原稿，給予建議的Zeppy董事長兼執行長，同時也是我的投資夥伴井村俊哉。

曾對本書提供建言，長年給予溫暖支持與協助的A夫妻；我住在波士頓的時候，每週都去上課的日語學校所有師生，我也要趁著這個機會表達感謝。

此外，我要深深感謝從小教我規律、倫理、努力、勤勉等美德的父母。我還小的時候，父親就教我投資的基礎概念；母親也費盡心思，希望大多時候在國外長大的我學會日文。我想這個世界上沒有任何人，比我的母親更為孩子著想，展現出驚人的毅力。

「Last but not least」──我打從心底感謝在華爾街與東南亞悉心指導我的前輩、與我一起激勵成長的夥伴、日本和美國的新朋友與老朋友、關注我的YouTube和社群網站的網友們，以及閱讀本書的讀者，我要跟你們說：「Thanks a lot！」謝謝你們！

高橋丹

成為有錢人的「投資路線圖」

本書為各位分享「如何投資才能累積財富」，最後再為各位介紹「投資路線圖」，幫助各位展開投資人生。

第一件要做的就是整理自己每個月的支出，分成一、居住費（房租、房貸等）；二、自己與家人的費用（生活費與教育費等）；三、其他等三大類。其中，一與二是必要支出，因此必須盡可能從第三類拿出資金投資。

確認可以投資的金額後，將資金分成長期投資與短期投資。長期投資的目的是賺取穩定收益；短期投資以高投報率為目標，可以拉高整體收益率。

至於兩者的佔比，請根據個人的投資經驗與個性調整。有投資經驗或個性不怕風險的人可以放多一點資金在短期投資，不過，基本上，長期投資應佔七到九成；短期投資佔一到三成。

接著將長期投資的資金分成三份，分別是一、股票、公司債、不動產（四到六成）；二、國債、現金（一到三成）；三、商品（二到四成）。上述比例都已設定範圍，請根據你的投資經驗與個性調整。

各類別的投資標的請選擇相對應的ETF，其實也有投資信託可以選擇，但我個人推薦ETF。具體商品請參照第七十二到七十九頁的介紹，不過，本書介紹的僅是範例，請各位自行搜尋，選擇最適合自己的標的。

決定好要投資哪些ETF之後，請每個月定期定額購買。不妨在日曆上標註，避免忘記。ETF很難自動設定定期定額，請以手動購買。建議最好在行情不會變動的週末預約購買。

短期投資的部分需要一定程度的經驗，重點在於跟著行情走。不要想著一次就賺大錢，累積小收益才是應該追求的目標。此外，短期投資需要分析線型的知識。本書介紹過幾個，坊間也有許多介紹線型分析的書籍，各位不妨自行尋找。

話說回來，光說不練是無法獲得利益的。若已吸收一定程度的知識，不妨小額嘗試，從失敗中學習教訓，運用在下一次的投資裡。關鍵在於不要害怕失敗。

規劃長期投資的行程表，開始學習短期投資的知識，如此你也踏出了成為有錢人的第一步。這是起跑線。投資需要時間才能開花結果，請各位盡早站上起跑線，開始跑吧！

卷末附錄：成為有錢人的「投資路線圖」

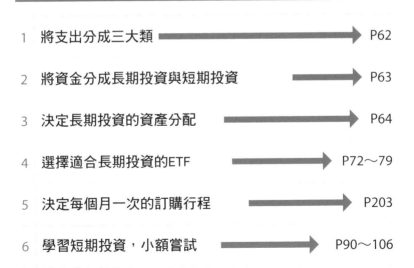

1　將支出分成三大類　　　　　　　　　　　　→　P62

2　將資金分成長期投資與短期投資　　　　　　→　P63

3　決定長期投資的資產分配　　　　　　　　　→　P64

4　選擇適合長期投資的ETF　　　　　　　　　→　P72～79

5　決定每個月一次的訂購行程　　　　　　　　→　P203

6　學習短期投資，小額嘗試　　　　　　　　　→　P90～106

全世界有錢人都在做的財富倍增法/高橋丹作;游韻馨譯. -- 初版. -- 臺北市 : 春天出版國際文化有限公司, 2022.07
面; 公分. -- (Progress ; 19)
譯自 : 世界のお金持ちが実践するお金の増やし方
ISBN 978-957-741-547-9(平裝)
1.CST: 投資 2.CST: 理財 3.CST: 成功法

563   111007873

全世界有錢人都在做的
財富倍增法

世界のお金持ちが実践するお金の増やし方

Progress 19

作　　　者◎高橋丹	總　經　銷◎楨德圖書事業有限公司
執筆協力◎向山勇	地　　　址◎新北市新店區中興路2段196號8樓
譯　　　者◎游韻馨	電　　　話◎02-8919-3186
總 編 輯◎莊宜勳	傳　　　真◎02-8914-5524
主　　編◎鍾靈	香港總代理◎一代匯集
出 版 者◎春天出版國際文化有限公司	地　　　址◎九龍旺角塘尾道64號 龍駒企業大廈10 B&D室
地　　　址◎台北市大安區忠孝東路4段303號4樓之1	電　　　話◎852-2783-8102
電　　　話◎02-7733-4070	傳　　　真◎852-2396-0050
傳　　　真◎02-7733-4069	
E－mail◎frank.spring@msa.hinet.net	
網　　　址◎http://www.bookspring.com.tw	
部 落 格◎http://blog.pixnet.net/bookspring	
郵政帳號◎19705538	
戶　　　名◎春天出版國際文化有限公司	
法律顧問◎蕭顯忠律師事務所	版權所有‧翻印必究
出版日期◎二○二二年七月初版	本書如有缺頁破損, 敬請寄回更換, 謝謝。
定　　　價◎350元	ISBN 978-957-741-547-9